Hiking
Guide
in
Mt. Takao

高尾山ハイキング案内

高尾山
小仏城山
景信山
陣馬山
八王子城山
南高尾山稜
を歩く

山と溪谷社

目次

Hiking
Guide
in
Mt. Takao

● 造本装丁
尾崎行欧
宮岡瑞樹
宗藤朱音
安井彩
本多亜実
（尾崎デザイン事務所）

● スタンプ作成
宮岡瑞樹
（尾崎デザイン事務所）

● 地図・図版製作
アトリエ・プラン

● DTP
ベイス

● カバー帯・本文写真
岡野朋之

● 校正
戸羽一郎

● 編集・執筆
遠藤裕美
大関直樹
小林由理亜

● 編集
松本理恵
（山と溪谷社）

高尾山周辺地図

北緯・八王子

富士見台、堂所山へ

地蔵平

唐沢山

北高尾山稜

421

八王子JCT

裏高尾町

中央自動車道

JR中央本線

日影

蛇滝口

南浅川

蛇滝コース

相模湖・大月駅へ

いろはの森コース

金比羅台

高尾山トンネル

東京都
八王子市

山上駅

リフト

高尾山駅

ケーブルカー

・522

2号路

485

霞台

病院裏コース

浄心門

琵琶滝

小仏城山、景信山、陣馬山へ

女坂

男坂

いろはの森コース

381

高尾山

稲荷山

薬王院卍

・899

6号路

3号路

5号路

高尾ビジターセンター

・455

ハイキングの
前に

- 本書は高尾山周辺の散策を楽しむためのガイドブックです。
- 本書で紹介しているコースはすべて日帰りです。記載されたコースタイムはゆっくり歩いた場合の所要時間ですが(休憩含まず)、あくまでも目安です。体力にあったコースを選びましょう。
- 高尾山山頂から先、陣馬山への縦走や南高尾山稜は歩行距離が長くなります。コースタイムを確認し、帰りの交通機関に間に合うよう行動しましょう。また、水場はないので飲料やお菓子(行動食)などは持参しましょう(茶屋はあるが、平日休みが多い)。
- 高尾山周辺のハイキング適期は通年です。標高が低いため盛夏は熱中症に気をつけましょう。冬(1月や2月ごろ)は気象状況によって積雪があります。
- 靴はスニーカーなど歩きやすいもので、ハイヒールは転倒の恐れがあるので避けましょう。行動中は動きやすい服装で、両手がふさがらないデイパックなどがおすすめです。
- 掲載された施設、食事、公共交通機関などの情報は2021年2月現在のものです。状況により、変更される場合があります。

2万5000分ノ1地形図
与瀬・八王子

1:17,800

500m

多摩森林科学園●
八王子城山へ
廿里町
・270
神明神社
西浅川町
卍
新宿駅へ
高尾駅
✕
196
高尾駅
小仏関所跡
✕
256
金比羅台コース
初沢町
・320
京王高尾線
狭間町
初沢川
△294
高尾町
・302
卍
高乗寺
1号路
・248
不動院卍
山麓駅
高尾山口駅
高尾霊園
・290
20
清滝駅
稲荷山コース
高尾599
ミュージアム
四辻・
・202
・208
館ヶ丘団地
拓殖大学
案内川
✕
浅川トンネル
・316
・226
高尾山IC
・305
圏央道
・320
△343
草戸山、
南高尾山稜へ
234
大戸

図中記号例					
トイレ	水場	バス停	駐車場	寺	神社
茶屋	交番	計画書届出ポスト	←0.20→ 歩行区切りと時間	←0.20→	

5

何度でも行きたくなる山

　登山者数世界一、年間300万もの人が登る山。それが高尾山だ。知名度なら世界トップクラスの富士山でさえ、登山者数は約30万人といわれているから、高尾山はその10倍登られていることになる。では、なぜそれほど多くの人が足を運ぶのか、高尾山の魅力について紹介しよう。

魅力その1 ｜ 都心からのアクセスが抜群によい

　京王線やJRを利用すると新宿から約1時間で高尾山口駅に到着。そこから登山口（1号路の場合）までも、徒歩5分と至近だ。アクセスに時間を削られないので、日帰りでも思う存分、登山を満喫することができる。

魅力その2 ｜ 動植物の宝庫

　暖温帯と冷温帯の境目に位置している高尾山は、両帯の植物が混在。その数は、高尾国定公園内だと約1200種類、都立高尾陣場（じんば）自然公園まで広げると約1600種類といわれている。また、タカオスミレ、タカオヒゴタイなど高尾山で最初に発見されたことで名前がついた植物も多い。

　ほかにも、野鳥は90種類以上が記録され、東京の代表的探鳥地であるほか、哺乳類もムササビなど約30種の生息が確認されている。

魅力その3 ｜ 多彩なハイキングコース

　高尾山には、個人の体力や登山経験に応じてチョイスできる9つのハイキングコースがある。登山初心者でも気軽に登れる「1号路」から、本格的な山歩きを楽しめる「稲荷山（いなり）コース」まで、バラエティに富んでいる。

　さらに＊陣馬山（じんば）や石老山（せきろう）など周辺の山域まで含めるとコースは100以上。登山地図を見ると、まるでクモの巣のように登山道が張り巡らされていることがわかる。そのため、何度登っても違うコース取りが可能で、飽きることが

＊陣馬山・陣場山／「陣馬山」は、従来「陣場山」と表記されていた。これは、一説によると後北条氏と武田氏の争いで山頂に陣が張られたからともいわれている。しかし、戦後になって「陣馬山」と表記されることが多くなり、国土地理院発行の地形図では陣馬山・陣場山の両方を併記している。

ない。高尾山は、登山者が多いので混雑していると思いがちだが、少しマイナーなルートに入るだけで、驚くほど静かな山歩きを楽しむこともできる。

魅力その4　歴史と文化を紡ぐ薬王院

　高尾山には豊かな自然だけでなく、歴史や文化を感じられるスポットもたくさんある。その中心が、約1300年の歴史を誇る「高尾山薬王院」だ。行基によって開かれた薬王院は、何度か荒廃の危機に直面しながらも、武田信玄や上杉謙信など多くの武将の守護神として篤い信仰を集めた。そして、江戸時代には庶民にも高尾山信仰が広がり、関東各地から大勢の参詣客が集まるようになった。境内にある本堂や飯縄権現堂などの建造物は、ひとつひとつがそのような歴史を感じさせてくれる。

魅力その5　レジャー・グルメも充実

　ハイキングだけではない、レジャーアクティビティが充実しているのも高尾山の特徴だ。ケーブルカーの高尾山駅近くには、東京一高所にあるビアガーデンが6〜10月にオープン。夜景を満喫しながら、冷えたビールで乾杯できる。ほかにも高尾名物のとろろそばを味わえる食事処や茶屋も山中いたるところにある。小さい子ども連れなら、さる園や山麓のトリックアート美術館も楽しい。そして、数あるレジャースポットのなかでもいちばん人気なのが京王線高尾山口駅隣にある京王高尾山温泉極楽湯だ。地下約1000mから湧き出た天然温泉は、ハイキングで疲れた体を癒やしてくれる。

　このように高尾山には、たくさんの魅力が詰まっているため、行くたびに新たな発見がある。老若男女、登山ビギナーからエキスパートまで、誰もが楽しめる世界一の山に、あなたも出かけてみよう！

1章

高尾山を歩く

山の中腹
高尾山駅へ

◁ P8-9
ケーブルカーとリフト
の乗り場がある駅舎。
ここからはじまる山旅
に胸が高まる

歩いて登る
1号路

　高尾山にはハイキングコースが複数あるので、山の中腹までと、その先の山頂までに分けてご紹介しよう。

　中腹とは、ケーブルカーの高尾山駅がある霞台あたりを指す。多くの人がケーブルカーやリフトを利用するが、1号路を歩いて霞台へ行くこともできる。

　出発地は清滝駅前の広場の右側。1955（昭和30）年ごろまで都電の敷石として使われていた石を再利用した石畳を登っていく。右に小杉の林、左に立派な大杉がある道を行くと、大きく右へカーブし、金比羅台に続く階段を分け、急勾配の道となる。やがて、なだらかになり、城見台、リフトの山上駅を過ぎ、なおも進むと霞台に到着。関東平野が一望でき、新宿の都庁や東京スカイツリーが見える。

山腹を一周
2号路

　山腹を高低差約100mの緩やかな勾配で一周するコースが2号路で、距離は0.9kmほど。「高尾山の森林」をテーマとし、1号路の尾根を挟んで北側ではイヌブナなどの落葉広葉樹、南側ではカシ類などの常緑広葉樹の自然林を観察できる。

　十一丁目茶屋から高尾山駅に向かうと、左手に2号路の始点となる下り階段があるのでそれを下る。こちらが北側の道で、すぐに蛇滝への道を分け、しばらく行くと4号路と合流して浄心門の脇に出る。1号路を横切り、神変堂の横から下って、今度は南側の道へ。3号路を右に分け、10分ほど行くと病院裏コースと合流した後、急な階段で霞台に上がる。

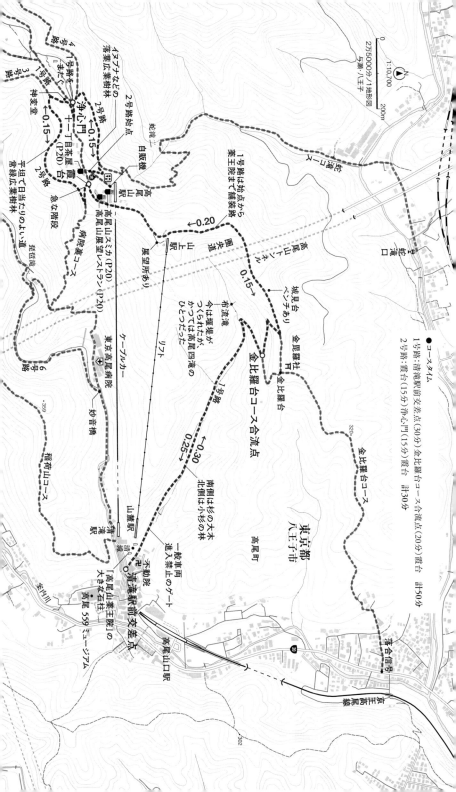

1／甲州街道に描かれる黄金の道は金比羅台からの眺め。イチョウ並木が色づくのは11月中旬　2／1号路の石畳は都電の敷石を再利用している。両側はよく手入れされた杉並木が続く　3／病院裏コースの途中にある広場。ここから一段と険しい道となるので大師像とともに休憩を　4／2号路の北斜面にあった大木。2号路は樹木の観察にぴったりのコースで、訪れる人が少ないため静かに歩ける　5／水行道場の蛇滝へ続く、厳かな入り口と石段。柱についたコケが美しい

	1		
2	3		
		4	5

山腹へ向かう
マイナールート

展望が楽しみ
金比羅台コース

高尾山口駅から甲州街道を歩き、落合信号で「高尾山ちか道入口　金ぴら宮参道」と書かれた古い石柱を目印に左へ入る。5分ほど住宅街を歩くと細い階段があり、ここから山へ。緩やかな傾斜の、自然森に包まれた道を進むと45分ほどで高尾山頂への標識が現われ、右手の階段を上ると金比羅台（こんぴらだい）に到着する。ここは展望所になっており、八王寺の市街地を一望できる。先に進むと1号路に合流する。

静寂の道1
蛇滝コース

高尾駅でバスに乗り、蛇滝口（じゃたき）バス停で下車した先から登るのが蛇滝コース。かつては高尾山詣の表参道だった（P180参照）。老人ホームを右手に見て進み、千代田稲荷大明神の鳥居を過ぎ、川沿いの舗装路を行く。高尾山内八十八大師めぐり（P176参照）の大師像をいくつも見送ると階段が見え、この先にあるのが蛇滝だ。管理所を過ぎ、ジグザグに登れば2号路に合流し、さらに上がれば霞台（かすみだい）に到着。

静寂の道2
病院裏コース

最後は、マイナー中のマイナー、病院裏コース。清滝駅前から6号路を進み、妙音橋（みょうおん）を渡って東京高尾病院へ向かうと、駐車場の奥に階段があり、山に入っていく。はじめこそ緩やかだが、次第に傾斜が増して、なかなか歩き応えのあるコースだ。やがて左手に8体の大師像が並んだ広場があり、前方に琵琶滝（びわ）への道が続く。右へ折れ、岩が露出した急坂を、汗をかきながら登ると2号路に合流し、霞台に着く。

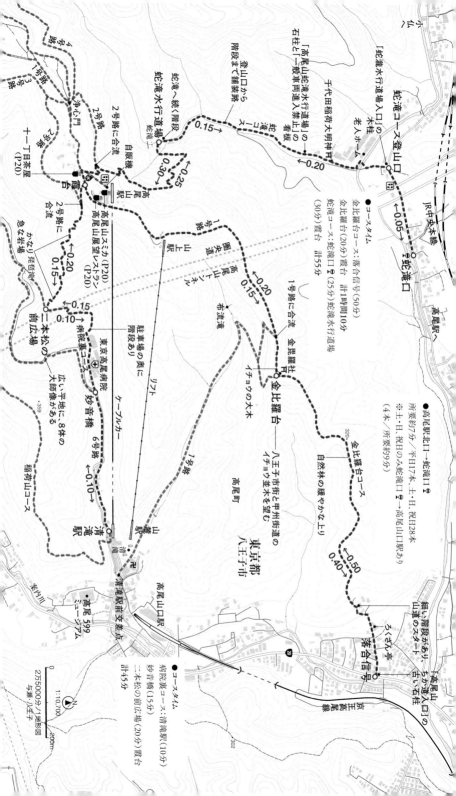

JR中央本線
高尾駅へ

●コースタイム
蛇滝口コース：落合信号（50分）
金比羅台（20分）蛇滝口②（25分）蛇滝水行道場
（30分）蛇滝口②（25分）蛇滝水行道場
金比羅台コース：落合信号
蛇滝コース：蛇滝口②
計55分
計1時間10分

蛇滝口

②蛇滝口

高尾駅

●高尾駅北口→蛇滝口②
所要約7分／平日17本、土・日、祝日のみ蛇滝口②あり
注：土・日、祝日のみ蛇滝口②→高尾山口駅あり
（4本／所要約9分）

蛇滝コース登山口

「高尾山蛇滝水行道場入口」の木柱

蛇滝水行道場入口の木柱

千代田稲荷大明神

蛇滝水行道場の老人ホーム

「高尾山蛇滝水行道場」の
石柱と「一般車両進入禁止」の看板

←0.20

0.15→

蛇滝水行道場

蛇滝〜続く階段

登山口から
階段まで舗装路

←0.25

0.30→

2号路に合流

自販機
茶屋
2号路

高尾山駅

1号路

高尾山上駅

中央自動車道

←0.20
0.15→
金比羅台
1号路に合流

布流滝

金比羅社
金比羅台
イチョウの大木

金比羅台コース
八王子市街と甲州街道の
イチョウ並木を望む

自然林の緩やかな上り

高尾町

東京都
八王子市

細い階段が続く
山道のスタート

←0.50
0.40→

落合信号

ろくざん亭

「高尾山蛇滝入口」の
ちか道、古い石柱

京王高尾線
京王八王子

浄心門

4号路
3号路
1号路

6号路

2号路
2号路に合流

かなり急な岩場

2号路に合流

たこ杉

0.20→
0.15→

高尾山スミカ（P20）
高尾山展望レストラン（P20）

0.15→
0.10→

三本松の前広場

病院裏コース
階段あり

東京高尾病院

妙音橋

6号路

←0.10

十一丁目茶屋（P20）

一号路

広い平地に、8体の
大師像がある

稲荷山コース

三本松の前広場
大師像がある

ケーブルカー
リフト

清滝駅

布流滝
0

1号路

高尾山駅

清滝

清滝

高尾山口駅

清滝駅前交差点

高尾 599
ミュージアム

案内川

●コースタイム
病院裏コース：清滝駅（10分）
三本松の前広場（20分）頂上
計45分

妙音橋（15分）
三本松の前広場（20分）頂上

2万5000分/1地形図
与瀬・八王子

1:10,700
N
0   200m

	2
1	
	3	4
		5

1／圧倒される急勾配を目の前にするとドキドキする。車両は緑が鮮やかな「あおば号」　2／2人乗りのリフトは高尾山の自然を肌で感じられる空中散歩。ちょっぴりスリリングなのも楽しい　3／こちらの車両は「もみじ号」　4／途中にある急勾配の看板。見つけられるかな？　5／ケーブルカーをデザインしたピンバッジ。もちろん2種類用意されている（各400円）

ケーブルカーで
GO！

清　滝
KIYO TAKI
標高 ——— 201M
←たかおさん

わずか6分で
山の中腹へ

　高尾山に登るとき、多くの人が利用するケーブルカー。山麓の清滝駅から、中腹の高尾山駅まで、歩けば約50分かかるところを、わずか6分で結んでいる。車窓からの景色を楽しみ、高尾山の紹介アナウンスを聞きながら座っているだけで到着するのだ。

　車両は4代目で2種類あり、名前は「あおば号」と「もみじ号」。1車両には最大135名乗車でき、2つの車両が交互に上り下りしている。

　特筆すべきは、日本一の急勾配だ。最も急なところは31度18分で、山上側に座っていると足を踏ん張らなければ滑り落ちそうになる。また、万が一の際にも強力な自動ブレーキがレールを挟み、安全に停止する構造になっている。

絶景リフトも
いいぞ

　さらに、ケーブルカーの切符売り場の右手にはリフト乗り場があり、こちらも魅力的。所要時間は12分で、到着地はケーブルカーの高尾山駅より徒歩3分ほど手前になるが、なんといっても開放感がこの上なくいいのだ。早春のツバキに始まり、春のヤマボウシやヤマザクラ、夏の清々しい新緑、秋の見渡すかぎりの紅葉など、ダイナミックな景観はもとより、山の香りや野鳥のさえずりなど、自然を身近に感じることができる。

　また、下りで利用すれば、進むごとに八王子の市街地がどんどん迫ってくるような迫力ある光景となり、気分爽快だ。

ケーブルカー	始発 8時
	終発 17時15分〜18時30分（曜日、月によって変動あり。ビアマウント開催中は21時15分）
リフト	始発 9時
	終発 16時30分
	（12〜4月は16時、土・日、祝日は状況により延長あり）
運賃	片道490円、往復950円
	（ケーブルカー、リフトとも同額）
高尾登山電鉄	☎042-661-4151

**サブちゃんが
お出迎え**

　清滝駅には、八王子名誉観光大使である北島三郎さんの像があり、訪れた人を楽しませている。また、駅舎内に売店があり、人気土産品のほか、ケーブルカーをデザインしたオリジナルグッズも販売。2020（令和2）年にリニューアルされた切符売り場は、暖色系の照明が落ち着いた雰囲気となっている。改札窓口では、小さい子ども連れにありがたい、ベビーカーの預かり（1回300円）もしてくれる。

営業時間は9時〜16時。オリジナルグッズも

自動券売機と有人の窓口があるので便利

清滝駅にコインロッカーがある

駅舎にトイレがあるので安心

1	3
2	
4	5
	6

1／ここでしか手に入らない干菓子（700円）　2／北海道産の黒豆を使ったあんこがたっぷりの天狗焼（150円）　3／八王子を盛り上げるプロジェクトから誕生した日本酒「高尾の天狗」（1650円）。ひやおろしは期間限定品　4／八王子の伝統工芸である多摩織の巨大行燈が下がる　5／のどごしのよい山菜そば（950円）とミニゆば丼（500円）　6／特製カレーは辛さの違う2種類を楽しめるハーフ＆ハーフもある（1200円）

7	8
	9
10	11
12	13

7／約30cmのソーセージを挟んだ天狗ドッグ（600円）。ハラペーニョなどのトッピングは自由自在　8／山ウドの油炒め、フキノトウのしょうゆ漬け、味噌ヒメタケの山菜盛り合わせ（700円）が日本酒に合う　9／店先にはデザインがよいオリジナルの土産物が並ぶ　10／八王子ラーメン（850円）はたっぷりのった刻み玉ねぎが特徴　11／焼きたてだんごはもっちもち　12／金ごまだんごをみたらしで（400円）　13／清潔感あふれる店内

高尾山の茶屋
山腹編

山の中腹は
グルメ天国

　ケーブルカーの終点、高尾山駅の前には、土産物屋と食事処を備えた複合店が立つ。名前は「高尾山スミカ」。人気の天狗焼を買い求めて並ぶ人の行列が目印となる。

　この天狗焼の売り場を左手に見て進むと階段があり、高尾山展望レストランへ続く。長～いソーセージをフランスパンで挟んだ天狗ドッグが名物だ。

　また、階段を上らず、先に進むと突き当たりにあるのが十一丁目茶屋。景色を独占できるテラス席で一服したい。さらに薬王院方向に進んでいくと、胡麻の風味たっぷりのごまだんごを店先で焼いている権現茶屋があり、自家製麺の八王子ラーメンを食すことができる。

　高尾山の山腹は、おいしい店が立て続けに現われ、より道ばかりしてしまうのだ。

1
高尾山スミカ

天狗を含む幾千の生き物が棲む処＝すみか、として名づけられた高尾山スミカ。1階は天狗焼をはじめとする、各種の土産物を売るショップと、店内で打った二八そばを食せる蕎麦処、三福だんごやドリンクを扱う売店があり、2階は見晴らしのよいカフェレストランとなっている。カフェレストランの、みじん切りした野菜を40分炒めてビーフと煮込んだ、特製カレーがおいしい。

❶ 通年
❷ 10時～16時30分（冬期は16時）
❸ なし（悪天候時は臨時休業）
❹ ☎042-661-4151

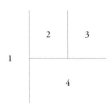

データの見方

❶ 営業期間
❷ 営業時間
❸ 定休日
❹ 問合せ先

＊データは2021年2月現在。
価格は税込

2

高尾山展望レストラン

6月中旬から10月中旬まで、ビアマウント（P34参照）の会場となる展望レストランは、それ以外の時期はBBQマウント（P35参照）とフードコートが開設される。石窯で焼くピザや八王子野菜のカレーなどが並ぶなか、必見は天狗ドッグ。天狗の鼻に見立てた約30cmのソーセージを、外はカリッと、中はふっくらとしたパンに挟んだもので、ずっしりと重く、インパクト大だ。

❶ 通年
❷ 11時〜16時（ケーブルカーの運行に合わせ変動あり）
❸ なし（悪天候時は臨時休業）
❹ ☎042-665-8010

3

十一丁目茶屋

霞台にある展望台の隣に立ち、眺望のよい茶屋。店先にずらりと並ぶ土産物が印象的。

❶ 通年
❷ 10時30分〜16時
❸ 不定休
❹ ☎042-661-3025

4

権現茶屋

胡麻の風味が口いっぱいに広がるごまだんごが名物で、元気な呼び込みの声が響く。

❶ 通年
❷ 11時〜16時
❸ なし（悪天候時は臨時休業）
❹ ☎042-661-2361

			1		
			4		6
2	3		5		

1／さる園にて。カエデの木が立つさる山で、約80頭が暮らす。13時30分の昼食タイムは必見。解説にスタッフの個性が光る。今日は園長・城定俊之さんがご担当　2／野草園の憩の館。野鳥観察はもちろん、園内散策の休憩にもどうぞ　3／野性味ある野草園。ところどころに植物の案内板が立つ　4／さるのおやつ（100円）は屋上で販売　5／園内のサラシナショウマに、アサギマダラがひらり　6／足をのばしてくつろぐ、5代目ボスのネッシン。お隣は仲良し、さる園婦人会長のテント

高尾山
さる園・野草園

**山中の
おたのしみ**

　ケーブルカー・リフトの高尾山駅から数分、十一丁目茶屋の近くに「高尾山さる園・野草園」はある。

　1960（昭和35）年開園の「高尾山モンキーパラダイス」を前身に、70（昭和45）年から高尾登山電鉄が運営を開始。同年に「高尾自然動物センター」を開園した。北限のサルとして世界に知られ、日本だけに生息するニホンザルに着目。間近で観察したり、社会性や子育ての解説を聞いて楽しめる施設として生まれた。現在暮らすのは、70年開園時に島根県からやってきたサルたちの末裔である。当初は、小動物や夜行性動物も展示していたという。80（昭和55）年「高尾自然動植物園」に改名し、野草園を開設。2003（平成15）年10月のリニューアルで現在の園になった。これを機にサルたちは、放し飼いからさる山暮らしに。19（令和元）年にはマスコットキャラクター「もみじまる」が誕生し、園を盛り上げている。

さるの楽園

　入って左手がさる園。2003（平成15）年からボスを務めるネッシン（1995年生まれ）を中心に、オス44頭、メス37頭の計81頭が暮らしている（21年2月現在）。さる観覧舎の1階では全メンバーを写真付きで紹介。生態についての展示も行なっている。奥では大きな窓越し、間近にサルを見られる。屋上に登り、さる山全体を見渡してみよう。サルたちと都心、周辺の山などを一望できる。サルのおやつを買ったら、ここから投げ入れる。誰が食べるか、最後まで見逃せない。

さる園・野草園

営業期間	通年		
営業時間	1～2、12月	9時30分～16時	
	3～4月	10時～16時30分	
	5～11月	9時30分～16時30分	
定休日	無休(園内整備等を除く)		
入園料	大人430円、小人210円		
問合せ先	☎042-661-2381(共通)		

サルたちの日々

　冬はもこもこ、夏は涼しげな毛をまとい、元気に暮らすサルたち。恋の季節は11月～2月ごろ。毎年パートナーは変わり、デートを経てカップルが誕生する。出産は4月～8月ごろで、早朝に自力で産むことが多いという。母のおなかに、生まれたての赤ちゃんがしがみついている姿を見られることも。

　1日の行動は、朝食後に開園を迎え、毛づくろいしたり、遊んだり、ゴロゴロしたり。みな思い思いの時間を過ごしている。13時ごろ、のどかだったさる山がざわめきだす。そして13時30分、昼食タイムがスタート。スタッフの解説とともに、お待ちかねの大豆と小麦が撒かれると……続きはぜひ、さる園で。閉園後に夕食をとり、眠りにつく。

四季折々
野草がずらり

　入って右奥にあるのが野草園。貴重な植物を保存したり、野草を気軽に楽しんだりできるようにつくられたという。現在は高尾山で見られる植物を中心に、約300種類が生育する。季節の野草をお目当てに、年間パスポートを持つ人も多いという。たとえば早春のフクジュソウ、春はスミレ類、冬のキジョランなど。園内は山の中を歩いているような、自然の雰囲気で楽しめるよう心がけて管理されている。コンパクトな園ながら高低差もあり、ミニハイク気分を味わえる。この箱庭に訪れる、昆虫や野鳥も見どころだ。園内には野鳥観察にぴったりの憩の館や、ブッポウソウの巣箱(P92参照)がある。幻の鳥はいかに。

1

2

3

高尾山内の天然記念物は3つ。いずれも杉で、高尾山駅から薬王院へ向かうと順に……　1／まずは「高尾たこスギ」。名前は、根がタコの足に似ていることにちなむとされる。幹にしめ縄が巻かれていることも　2／権現茶屋を過ぎると「高尾山のスギ並木」。立派な杉に導かれて歩く。右手には杉苗奉納者御芳名が並ぶ　3／薬王院の御護摩受付所の脇を下ったところにある「高尾山の飯盛スギ」。見られるのは年に数日（以上、括弧内は文化財名）

高尾山の天然記念物

八王子市指定
「高尾たこスギ」
（たこ杉）

ケーブルカー・リフト高尾山駅最寄りの天然記念物で、高尾山さる園・野草園を過ぎてすぐ出会う。

1964（昭和39）年7月23日、八王子市が指定。高さ約24.5m、目通り幹回りは約3.9m、樹齢は約450年とされる。参道の整備にあたって天狗衆が杉を取り除くことにしたところ、杉自ら一晩で根を曲げた、との伝説が残る。天狗道開きの杉とも呼ばれ、開運の木として親しまれてきた。保護のため、2007（平成19）年に柵を設置。「たこ杉からのお願い」と書かれた看板が掲げられている。触れるなら、右隣の「開運ひっぱり蛸」（右上参照）をどうぞ。たこ杉の左隣には、水産関係者による蛸供養碑がある。1962（昭和37）年に建立され、かつて毎年蛸供養が行なわれていた。

東京都指定
「高尾山の
飯盛スギ」

薬王院と3号路の間（高尾山と大山、江ノ島をつなぐ旧大山道のそば）にあるのだが、現在は通行止め。例年、境内のしゃくなげ園が公開される4月下旬〜5月上旬の数日間のみ、全貌を見られる。

1964（昭和39）年4月28日、東京都が指定。高さ約40m、目通りの幹回りは約7mで、樹齢約500年といわれる。伝説によれば、弘法大師が杉の杓子を立てて生えたという。円錐形で、強飯式の椀に飯を盛った姿に似ていたことが名前の由来とされる。しかし59（昭和34）年の伊勢湾台風、66（昭和41）年の台風24・26号を受け、現在は形が変わっている。

たこ杉が保護されたあと、かわりとして多くの人が触れていく「開運ひっぱり蛸」。蛸供養碑を建立した水産関係者の講が、2009（平成21）年に奉納した。たこ杉の横で人々の願いを一身に受け、輝きを増している。

東京都指定「高尾山のスギ並木」

権現茶屋から山門までの参道沿いに立ち並ぶ、杉の巨樹たち。山内初の天然記念物である。

1952（昭和27）年11月3日、東京都が指定した。並木は十数本あり、大きいものは高さ約45m、目通りの幹回りは約5〜7m。高尾山は、寛永年間（1624〜1644年）に幕府が薬王院の寺社領を定めたあと盛んに植林された歴史をもち、ここにはその際の杉が残るといわれている。山内の天然記念物では最も古く、樹齢は約700年といわれる。飯盛スギと同様、伊勢湾台風や台風24・26号の被害に遭い、本数は減ったという。このあたりの杉林は、ムササビのすみかでもある（P82参照）。よく観察すると、幹にこぶし大の巣穴が見られるものも。夜には姿も見えるかも？

杉苗奉納

薬王院では、一口3000円から奉納を受け付けている。毎年12月10日までに1万円以上奉納すると、1号路のスギ並木にある芳名板に名前が掲示される。申し込みは、高尾山薬王院（☎042-661-1115）まで。

高尾山信仰では、古くから杉苗の奉納の習慣がある。これは信徒が、ご本尊に自分のお願いをし、成就したときに感謝とお礼を込めて行なうものだ。

現在でも奉納は行なわれており、杉苗の代わりにお金を納める形となった。奉納されたお金は、高尾山の自然を守るための山林整備に使われるとのことだ。

夜も高尾山で

東京の夜景に乾杯

◁ P32-33
席から見える夜景。無数にきらめく、ビルや車の明かりが、人の営みを感じる東京

飲み・食べ放題 ビアマウント

登山を終えた夕暮れ、一日を振り返りながらビールをぐいっと。目の前にはまばゆい東京の夜景。

こんな、魅力的な高尾山の楽しみ方ができるのは、6月中旬〜10月中旬に開催されるビアマウント。飲み放題、食べ放題で、生ビール、サワー、ワインなどの充実のドリンクと、和・洋・中の料理をそろえたビュッフェを満喫できる。ケーブルカー乗り場のすぐそばのため、安心して飲みすぎてしまわないように。

名物料理がずらり

各種料理が並ぶなか、皮から作るぎょうざや、中国で修業した料理人が作る本格中華が好評。八王子ラーメンや八王子野菜のサラダコーナーもある。石窯焼きピザも人気。

全11種類飲み放題

キンキンに冷えた生ビールは、4大ビールメーカーおすすめの銘柄など11種類がそろう。

スイーツも食べ放題

一口サイズのシュークリームやワッフル、ミニケーキなどが充実。甘党だって満足。

高尾山ビアマウント

営業期間	6月中旬〜10月中旬（悪天候時は臨時休業）
営業時間	13時〜21時
料金	120分の飲み放題・食べ放題で男性3900円、女性3700円（各税込）

会場直通番号	☎042-665-8010（共通）

高尾山BBQマウント

営業期間	10月中旬〜6月上旬（悪天候時は臨時休業）
営業時間	11時〜16時（ケーブルカーの運行に合わせ変動あり）
料金	エコノミーセット1人前3700円〜（税込）

じっくり味わうBBQマウント

にぎやかなビアマウントの期間が終了すると、替わって開かれるのはBBQマウント。厚切りの絶品豚肉を、遠赤外線効果のあるグリルで時間をかけて焼き、会話と景色を楽しみながら食事ができる。

豚肉は、霜降り具合がちょうどよく、やわらかくてうまみが強い「米沢豚一番育ち」。これをメインに、牛ステーキ、グリルチキン、野菜などの食材がセットになっている。カレー、ライス、スープはおかわり自由。

うまみたっぷり米沢豚

大麦を与えて育て、ビタミンEが豊富な豚肉。適度な霜降りで脂身の甘みがおいしい。

追加やオプションもOK

満腹具合を見つつ、食材の追加注文が可能。肉の盛り合わせは1人前2200円（税込）。

デンマーク製エコグリル

本体は段ボール、焼き網は竹串を使用した天然素材グリル。竹炭でじっくりと焼く。

		3	5
1		4	
2		6	7
			8

1／浄心門はここから高尾山薬王院の境内であることを示す山門　2／山頂広場のいちばん奥に富士山を望む「大見晴園地」がある　3／山頂直下のきれいで大きな水洗トイレは日本トイレ大賞を受賞（P198参照）した　4／4個の保護石で囲まれた二等三角点　5／江戸時代に植えられた、高尾山最古の人工林である江川スギ　6／人気の吊り橋は4号路で　7／3号路は神変堂の脇から入る　8／視界が開け、ベンチがある「かしき谷園地」

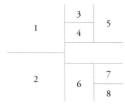

高尾山頂へ

山頂には、ゴミ持ち帰り運動発祥の地（P198参照）のシンボル、おそうじ小僧が立つ。ふわふわの帽子と、首をかしげたポーズが愛らしい。この子に見つめられたらゴミは捨てられない。

薬王院を抜ける1号路

　1号路は霞台に到着後（P10参照）、山頂まで続く。霞台を過ぎて直進し、十一丁目茶屋、高尾山さる園・野草園（P24参照）、たこ杉（P28参照）の前を通り、浄心門をくぐり抜ける。左に108段の階段が続く男坂、右に緩やかな傾斜の女坂がある分岐となり、どちらかを選んで進めば権現茶屋の前で合流する。高尾山薬王院でお参りをし、先に進むと立派なトイレがあり、ついに、にぎやかな山頂広場にたどり着く。

森につつまれる3号路・4号路

　浄心門から1号路を行かずに、左へ行けば3号路、右へ行けば4号路となり、いずれも高尾山が誇る豊かな植生を観察できるコースだ。

　3号路は南斜面を横切るように進み、カシ類などの常緑広葉樹が茂るなか、5つの小さな橋を渡っていく。終盤にはかしき谷園地がある。一方、4号路はこの標高で見られるのは珍しいブナの林があり、新緑時期が特に美しい。高尾山唯一の吊り橋も楽しい。

山頂直下をぐるり5号路

　山頂直下を、高低差がほとんどなく約30分で周回する5号路は、道幅も比較的広くて歩きやすく、多くの花々と出会えるコース。

　トイレの横から出発し、江川スギを眺めながら進むと、奥高尾縦走路（P106参照）への道が右手にある六差路となる。直進し、明るい南斜面を進めば稲荷山コース、6号路、3号路と順に合流してきて、道なりにひと登りすれば、起点のトイレ前に出る。

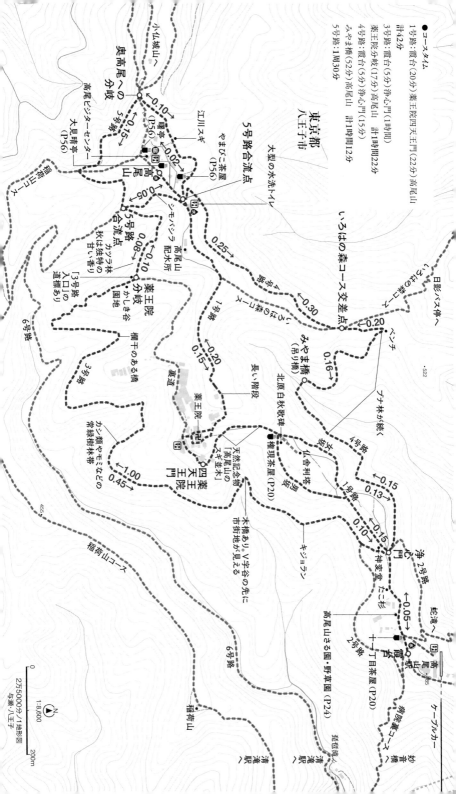

●コースタイム
1号路：霞台（20分）薬王院四天王門（22分）高尾山
　　　計42分
3号路：霞台（5分）浄心門（17分）高尾山
4号路：霞台（5分）浄心門（15分）
　　　計1時間22分
みやま橋（52分）高尾山
5号路：1周30分

東京都
八王子市

いろはの森コース支差点

大型の水洗トイレ

小仏城山へ

奥高尾への分岐

高尾ビジターセンター（P56）

大見晴亭（P56）

江川スギ

やまびこ茶屋（P56）

5号路合流点

0.10（P56）
0.15
5号路
0.02
0.02

曙亭（P56）

高尾山

シモバシラ

5号路合流点

0.08
0.10

0.25

霞台
高尾山配水所

カツラ林　甘い香り

秋は独特の
かしき谷

薬王院
園地

「3号路
入口」の
道標あり

0.30
0.20

ブナ林が続く

みやま橋（吊り橋）

0.16

0.20

長い階段

0.15

北原白秋歌碑

欄干のある橋

参道

薬王院
四天王門

カシ類やモミなどの
常緑樹林帯

1.00
0.45

権現茶屋（P20）

仏舎利塔

男坂

女坂

1号路

天然記念物
「高尾山の
スギ並木」

木橋あり。V字谷の先に
市街地が見える

6号路

稲荷山
コース

いろはの森コース

日影バス停へ

ベンチ

4号路

0.15
0.13
0.10
0.10
0.15

浄心門

神変堂
たこ杉

2号路

キジョラン

高尾山さる園・野草園（P24）

0.05

蛇滝へ

薬王院
不動堂

十一丁目茶屋（P20）

ケーブルカー

高尾山駅

稲荷山

神変堂

琵琶滝へ

清滝駅へ

妙音橋
琵琶滝駅へ

・522

・455

・285

2万5000分ノ1地形図
与瀬・八王子

0　　　　　　200m
1：8,600

N

	2	3
	4	5
1		
	6	

1／沢のすぐ横や、沢を飛び石で登っていく箇所がある6号路　2／6号路の途中でサワガニを発見！　楽しくてなかなか進めない　3／いろはの森コースの樹木名のプレートは木の特徴なども書いてある。樹木名が地方名の場合もあり、読んでいて楽しい　4／水行道場でもある琵琶滝　5／いろはの森コースと1号路の合流地点にあるベンチ。迫力ある大きな切り株も　6／稲荷山コースでは北側が針葉樹、南側が広葉樹となり、植生の違いが興味深い

麓から山頂へ

沢沿いを登る 6号路

　沢音を聞き、水と親しみながら登る6号路は、琵琶滝コースとも呼ばれる。清滝駅の左から車道を進み、妙音橋で左へ。岩屋大師（P172参照）を過ぎると琵琶滝入口の分岐に着く。右へ入り、柵越しで滝を近くで眺めたら分岐まで戻ろう。しばらくして、稲荷山コースへの分岐を過ぎると、飛び石で沢を登っていくことになる。先まで行ったら折り返し、丸太の長い階段を上りきると5号路に合流し、山頂へ向かう。

隣の尾根を進む 稲荷山コース

　高尾山の主要コースのなかで、最も登山らしい道として好まれているのが稲荷山コース。

　清滝駅の左に見える急な階段を上り、旭稲荷神社を過ぎ、高尾山のお隣の稲荷山の尾根道をたどっていく。ところどころ木の根が露出しているので足元に注意を。左右の植生の違いを楽しみながら進むと、展望のよい稲荷山山頂に到着。日当たりのよい雑木林を進み、5号と交差して、正面の階段で山頂へ。

樹木と親しむ いろはの森コース

　いろはの森コースは、遊び心あふれる楽しい道。

　高尾駅からバスに乗り、日影バス停で下車。登山口から20分ほどで日影沢キャンプ場（現在閉鎖中）があり、二手に分かれる道を左へ。登山道の両脇には、いろは48文字を頭文字とする樹木が植えられ、名前のプレートが付けられている。これが、「いろはの森」の由来だ。やがて4号路と交差し、木の階段を上りきれば、山頂へ続く1号路に合流する。

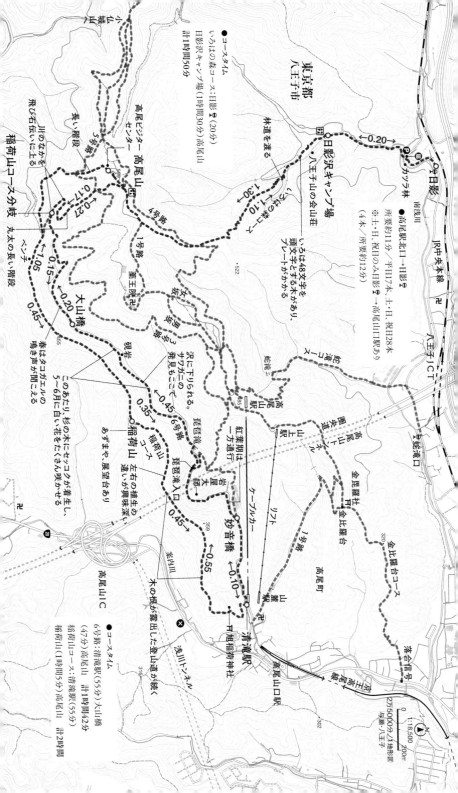

薬王院境内マップ

マップ内の番号は、
P45、48〜49の写真と対応しています。
願い事に応じたご利益スポットを探して
境内散策を楽しんでください。

富士浅間社

③ 奥之院不動堂

② 飯縄権現堂

福徳稲荷社

⑫ 弁天洞

天狗社

大師堂

① 大本堂

⑪ 飛飯縄堂

聖天堂

⑩ 愛染堂

仁王門

⑧ 俱利伽羅堂

⑦ 八大龍王堂

大本坊

⑤ 六根清浄石車

お札授与所

修行大師堂 ⑨

四天王門

御護摩受付所 ⑬

願叶輪潜 ⑥

④ 手水舎

メインの 参拝スポット

1／1901（明治34）年に建てられた大本堂には、薬師如来と飯縄大権現が祀られている　2右／高尾山修験道の中心である飯縄権現堂。極彩色の建物は、日光東照宮と同じ権現造りとなっている　2左／薬王院は神仏習合の寺なので、境内にはいくつも鳥居がある　3／江戸時代初期に建立された奥之院不動堂。堂内には室町時代に作られた不動明王像が祀られている　4／参拝前には手水舎で、手と口を清めよう

薬王院参拝ガイド

＊薬師如来／手に薬壺を持ち病気を平癒してくれる現世利益の仏様として、仏教が伝来したときから信仰されている。手に薬壺を持っているのが特徴

神仏習合の寺

高尾山の中腹にある薬王院は、正式名称を「高尾山薬王院有喜寺(ゆうきじ)」といい、弘法大師(こうぼうだいし)(P174参照)を始祖とする真言宗智山派(しんごんしゅうちさんは)の大本山だ。その歴史は古く、744(天平16)年、行基(ぎょうき)(P162参照)が薬師如来(にょらい)を祀ったのが始まりといわれている。

そして、永和年間(1375〜79)に俊源大徳(しゅんげんだいとく)(P163参照)が入山。当時荒廃していた薬王院を立て直し、＊薬師如来とともに飯縄大権現(いづなだいごんげん)を奉祀することとした。飯縄大権現は、山岳信仰と修験道の神であったため、それ以来、神仏習合の寺となり現在に至る。

正しい参拝方法

初めて薬王院の境内に足を踏み入れると、あまりにご利益スポットが多く、どのように参拝してよいか迷ってしまう。そこで、まずは押さえておきたいお堂の正式な参拝方法を紹介しよう。

最初は、境内に入る前に山門の前で一礼する。これは、ご本尊に敬意をあらわすためだ。次に、手水舎(ちょうず)(しゃ)で手と口を清めよう。そして、薬王院のメインスポットである3つのお堂、大本堂、飯縄権現堂、奥之院不動堂を順番にお参りしてゆく。このとき、神社を参拝するときのように「二礼二拍手一礼」は必要ない。薬王院は、寺なのでお堂の前で合掌をするのが基本である。そして、心の中で願い事を念じながら、「南無飯縄大権現(なむいづなだいごんげん)」と唱えるとよいといわれている。この3つのお堂の参拝が済んだら、あとは自分の願い事に合ったお堂をお参りしていこう。

**御朱印
とは?**

お寺や神社に参拝したときの証として授けられる印のこと。ご朱印帳を持参し、そこに書いていただくのがルール。もしご朱印帳を忘れた場合は、「書き置き」といって、すでに御朱印が書かれた和紙をいただけるところもある。

薬王院の御朱印には、ご本尊である「南無飯縄大権現」と墨で書かれている

その他のご利益スポット

5／六根清浄石車を回すと、感覚が研ぎ澄まされ心身が健やかになるという　6／くぐると願い事がかなう願叶輪潜　7／金運招福のご利益がある八大龍王堂。お金を浄水で清めよう　8／倶利伽羅堂は、新しい御縁がいただけるという。赤い糸のついた鈴や五円玉を奉納する　9／学業成就なら修行大師堂へ。「南無大師遍照金剛」と唱えながら、木彫りのタコ「置くとパス」を、持ち上げよう　10／良縁成就の祈願スポット愛染堂　11／飛飯縄堂は、イボが取れるご利益がある　12／大本坊の裏にある弁天洞。奥の洞窟には、商売繁盛と演芸の神様、福徳弁財天が鎮座　13／左は季節のご朱印帳。右は紅葉をイメージした天狗のご朱印帳とベーシックなご朱印帳

開運!
ご利益スポット

多彩な
ご利益スポット

　薬王院の境内には、さまざまな願い事を祈念できるお堂がたくさんある。メインスポットである本堂、飯縄権現堂、奥之院に参拝を済ませた後は、自分の願いに応じたところを見つけて足を運ぼう。たとえば、心願成就なら手水舎の近くにある願叶輪潜がおすすめだ。願を念じながら輪をくぐり、その先にある大錫杖を鳴らすと諸願が成就するという。

　八大龍王堂は、金色に輝く守護神・八大龍王を祀るスポット。その足元に流れる浄水で、硬貨や紙幣を清めると金運がアップするといわれている。

　数多くある薬王院のご利益スポットのなかでも、特に人気があるのが、縁結びにまつわるものだ。良縁を願う人は、恋愛成就に絶大なご利益があるという愛染明王を祀った愛染堂をはじめ、右手の宝剣で悪縁を切ることにより良縁成就に導く倶利伽羅龍を祀った倶利伽羅堂、夫婦和合の神様といわれる歓喜天を祀った聖天堂の3つは欠かさず参拝したい。

お守り

　薬王院は、お守りもご利益スポット同様に多彩なので、どれを選んだらよいのか目移りしてしまう。そんなときは、お札授与所の方に、願い事を伝えておすすめを教えてもらうとよい。そして、ご利益を授かるためには、バッグや財布などに入れて常に身につけるようにしたい。もし家に置いておく場合は、引き出しの中などにしまわず、なるべく高い場所で、常に目につくところに置くのがよいといわれている。

薬王院のお守り

良縁成就

赤い糸のついた五円玉は、愛
染堂や倶利伽羅堂に奉納する

恋愛成就

成就させたい恋愛の願いがあ
る人には必須のアイテム

金運上昇

願叶輪潜をくぐった後に、かなう
わ守を身につけておこう

合格祈願

的に当たることを願い、弓矢を
かたどった合格祈願のお守り

金運招福

ご祈祷済みの五円玉は、財布
に入れて大事に持っていよう

高尾膳献立表

本膳

①	【小鉢】	胡麻豆腐	⑤	【平鉢】	自然薯とろろ汁
②	【坪】	モロヘイヤの浸し	⑥	【香々】	きゅうり浅漬、蓮の芽梅酢漬け
③	【平】	海老こんにゃく、南瓜、里芋、隠元	⑦	【飯】	雑穀ごはん
④	【猪口】	姫皮、しその実煮	⑧	【汁】	きのこ汁 あみ茸、袋茸、なめこ

9

二ノ膳

⑨【揚物】大豆からあげ、大豆ハム、甘長、山芋、人参

⑩【箱】 りんごと金柑煮、湯葉豆腐、杏仁豆乳、トマトのマグロ擬き、絹かつぎ

ふかひれ擬き、牛しぐれ擬き、肉だんご擬き、燻り豆腐、松茸、叶う輪胡瓜

精進料理

◁ P52-53
高尾膳は、参拝者から
いちばん人気のある精
進料理。四季の素材の
味が生かされている

精進料理とは?

「精進(しょうじん)」とは、もともと「雑念を捨て、仏道修行に専心する」という意味だ。精進料理も、修行の一環として考えられているため、仏教の戒律に基づき、肉や魚はもちろん、牛乳や卵などの動物性の食品を材料として使うことができない。野菜もネギやニンニクなどの精のつく食材も、修行の妨げになるという理由から使われないのが一般的だ。

とはいっても堅苦しく考えることはない。薬王院の精進料理は厳しい作法はないので、山野草の恵みと調理してくれた人に感謝をしていただこう。

薬王院の精進料理

年間を通して食べられる薬王院の精進料理は、「高尾膳」(3900円・税込)と「天狗膳」(2900円・税込)の2種類。ほかに季節によって「そば御膳」や「もみじ膳」なども提供されることがある。

食材は、地元の高尾や八王子で採れるものを中心にした旬の野菜。特に自然薯に昆布とシイタケの出汁を混ぜた「とろろ」は、名物なのでぜひ味わっていただきたいと、料理長の坂本和巳(さかもとかずみ)さんは言う。また、豆腐や大豆などを用いて、魚や肉などに見た目や味を似せて作られる「もどき料理」も、ひとつひとつに手が込んでいて、食べるのがもったいなく思えるほど。もちろん、味も大満足。

高尾山登山で汗をかき、薬王院に参拝して心を清めた後は、自然の恵みがいっぱいの精進料理を食べて体の中からリフレッシュするのがおすすめだ。

天狗膳献立表

本膳

① 【小鉢】胡麻豆腐
② 【坪】　姫皮、あわび茸
③ 【平】　海老こんにゃく、南瓜、里芋、隠元
④ 【揚物】大豆からあげ、山芋、人参、甘長

⑤ 【平鉢】自然薯とろろ汁
⑥ 【香々】きゅうり浅漬、梅酢蓮根
⑦ 【飯】　雑穀ごはん
⑧ 【汁】　きのこ汁 あみ茸、袋茸、なめこ

二ノ膳

⑨ 角煮擬き、もみじ生姜、燻り豆腐、煮りんご、杏仁豆乳、わらび餅

「メニューは季節ごとに大きく変えています。旬の食材を中心に使っていますので、薬王院の精進料理で季節を感じていただけたらと思います」と、料理長の坂本和巳さん。

大本山高尾山薬王院

営業期間	無休（食事時間：11〜14時）
料金（税込）	高尾膳（3900円）、天狗膳（2900円）
予約の有無	要予約（2名以上から受付）

☎042-661-1115（受付時間：8時30分〜16時30分）

＊献立は季節によって変更されます

1	2
3	
4	
	5

1／オリジナルブレンドの
スパイスを使ってことこと
煮込んだ特製カレーライ
ス（900円）は深い味
2／目の前に木々が迫る
カウンター席は新緑と紅
葉の時期が特にいい。
まるで森の中にいるよう
だ　3／じっくりと味を
染み込ませた風味おでん
（600円）はビールとの
相性もバツグン　4／太
い麺が特徴のざるとろろ
そば（1100円）は、400
円で替え玉もできる。う
ずらの卵でマイルドに
5／テイクアウトで注文し、
大見晴園地にいちばん
近いベンチで食べるとい
う、贅沢な裏ワザもスム
ーズにできる

6／平日でも大勢の登山者でにぎわう山頂。この山頂標識の前にあるのが大見晴亭で、いちばん目立つ茶屋　7／田舎風乱切り麺のたぬきとろろそば（1170円）は、揚げ玉が入ることでコクが出て、満腹感を得られる　8／ふわふわ食感のかき氷（500円）は、こんなにビッグサイズ。ご主人のサービス精神からどんどん大きくなっていったそう。甘いシロップがたっぷりかかる　9／店内は2015年に改装し、洋風なつくりになった。各テーブルに用意された緑のパラソルが日差しを遮ってくれる

高尾山の茶屋
山頂編

**今日は
どの茶屋にする？**

　山頂に茶屋が充実しているのは、高尾山らしい風景ともいえるだろう。

　山頂広場の手前でやまびこ茶屋が現われ、次に大見晴亭があり、ビジターセンターを過ぎると曙亭が立つ。この近距離に3軒もの茶屋があるにもかかわらず、高尾山の人気はその収容能力を超え、土日には入店を待つ人の列ができている。

　どの茶屋に入るか悩ましいところだが、比較的早く席につけそうなのはやまびこ茶屋。なぜなら、多くの人が記念写真を撮る山頂標識から少し離れたところに位置し、席数が120席あるから。また、曙亭は富士山や丹沢の山々を眺めながら食事ができ、大見晴亭は山頂広場のいちばん高い場所で食事ができる。その日の気分で選びたい。

**巨大化する
かき氷**

　山頂の茶屋で楽しみな料理は各種のそば。どの茶屋でも出しており、特に曙亭と大見晴亭のそばは噛み応えがある太めの麺が特徴。手切りのため長さにバラツキがあるのも愛嬌があっていい。

　また、やまびこ茶屋は、3軒で唯一、ごはん類のメニューがあり、何種類ものスパイスを使用した特製カレーライスが大人気。辛さはほどよく、子どもでも食べられる。

　さらには、夏期限定のかき氷が年々大きくなっているという。後に紹介する小仏城山の茶屋のかき氷（P117参照）ほどではないが、カップから高く盛り上がるかき氷を持っていると、すれ違う人に必ず二度見される。

データの見方

1 営業期間
2 営業時間
3 定休日
4 問合せ先

＊データは2021年2月現在。
価格は税込

1 やまびこ茶屋

店内が広く、のんびりと休憩するのにぴったりの茶屋。テーブル席のほか、木々が近いカウンター席やテラス席、靴を脱いで休める座敷席がある。ほとんどのメニューを専用の容器でテイクアウトも可能。

1 通年
2 10時〜15時
3 不定休
4 ☎ 042-661-3881

2 曙亭

富士山を望む展望台、大見晴園地に最も近い茶屋。元気のいい店員さんが迎えてくれる。店先の冷蔵庫にはたくさんの缶ビールやラムネ、ワンカップ酒が並ぶ。生ビールまであるのに驚く。

1 通年
2 10時〜15時
3 不定休
4 ☎ 042-663-1386

3 大見晴亭

山頂広場の中心地にあり、いちばん目立つのがこちら。食事メニューはもとより、ビッグサイズのかき氷と通年で販売するソフトクリームが人気。店の入り口とは別に、専用窓口があるのが便利だ。

1 通年
2 10時〜15時
3 不定休
4 ☎ 042-661-3880

2 章

日影沢

アオイスミレ、ナガバノスミレサイシン、
ヒナスミレ、タチツボスミレ、
エイザンスミレ、マルバスミレ、
タカオスミレ（ヒカゲスミレ）、ツボスミレ

アオイスミレ、ナガバノスミレサイシン、
ツボスミレ、タチツボスミレ、
エイザンスミレ、マルバスミレ、
タカオスミレ（ヒカゲスミレ）

アオイスミレ、ナガバノスミレサイシン、
ヒナスミレ、タチツボスミレ、
エイザンスミレ、マルバスミレ

モミなど

いろはの森
コース

落葉広葉樹林
（ブナ・イヌブナなど）

サクラ

天然記念物
「高尾たこスギ」

高尾山さる園・野草園

ナガバノスミレサイシン、
ヒナスミレ、タチツボスミレ

サクラ

男坂

常緑広葉樹林
（カシ類など）

みやま橋

女坂

キジョラン

植林（スギ）

モミなど

常緑広葉樹林
（カシ類など）

江川スギ

落葉広葉樹林
（ブナ・イヌブナなど）

高尾ビジター
センター

▲ 高尾山

サクラ

ナガバノスミレサイシン、
タチツボスミレ、ツボスミレ、
コミヤマスミレ

天然記念物
「高尾山の
スギ並木」

サクラ

シモバシラ

常緑広葉樹林（カシ類など）

ムササビ
薬王院

植林
（カツラ）

植林
（ヒノキなど）

天然記念物
「高尾山の飯盛スギ」

スギ

セッコク

硯岩

稲荷山 ▲

モミなど

雑木林（コナラなど）

モミなど

サクラ

渓谷林
（チドリノキなど）

渓谷林
（チドリノキなど）

大山橋

植林（スギ・ヒノキ）

雑木林（コナラなど）

高尾山の自然

高尾山
植生
マップ

高尾山の自然について

自然の宝庫
その理由

「スミレの山」「野鳥の宝庫」「昆虫の三大生息地」……。高尾山の豊かな自然を表わす言葉は多々存在する。植物や動物に富む理由を探ると、実はみな同じことに気づく。

まず、古くから山が守られてきた点が挙げられる。保護の始まりは、奈良時代に高尾山薬王院有喜寺（ゆうきじ）が開かれたこと。信仰の対象、社寺林として守られ、中世の1578（天正6）年には北条氏照が竹木伐採を禁止した（P166参照）。江戸時代には幕府直轄、明治時代には御料林（ごりょうりん）（P170参照）、1947（昭和22）年に国有林に。1950（昭和25）年には都立高尾陣場自然公園、1967（昭和42）年には明治の森高尾国定公園に指定（P171参照）、と主体は変わりながら連綿と山が保護され、自然林が存在してきた。同時に薬王院の杉苗奉納（P31参照）など、杉やヒノキの植林、人々が薪や材、肥料を得るといった植物の利用があり、環境は多様に。

気候もまた大きな理由といわれる。高尾山は暖温帯と冷温帯の境界付近（暖温帯北部）にあたり、ひとつの山にそれぞれの気候を好む植物が存在する。たとえば南面は暖かく、カシ類などからなる常緑広葉樹林、北面上部には涼しい場所に生育するブナやイヌブナ中心の落葉広葉樹林が見られる（P72参照）。

標高599mの小ぶりな山のわりに、尾根や谷、沢や滝など地形の変化に富むのもひとつ。こうした環境により、生き物それぞれ、好みのすみかや食物を得られるのだ。

自然観察の前に

東京都は2018（平成30）年に「高尾・陣場地区自然公園利用ルール〜高尾の自然を後世に〜」（https://www.kankyo.metro.tokyo.lg.jp/naturepark/know/rule/takaosan.html）を作成し、利用者に呼びかけている。ぜひ、ご一読を。

野草と森に魅せられて

　高尾山の自然の楽しみはまず、多くの植物に出会えること。野草に目を向ければ、春はスミレ（P64参照）、初夏のセッコク（P68参照）、冬のシモバシラ（P76参照）など、訪れたくなる見どころがそろっている。

　森が多様なのも大きな魅力だ（P72参照）。南面には現在貴重なカシ林、北面上部には、この地では珍しいイヌブナ林が残る。尾根にモミ林、そして沢沿いには渓谷林。こうした自然林と、植林や雑木林が一堂に。11月中旬〜12月上旬はカエデ類など落葉広葉樹が赤や黄に染まり、多くの人々が集う。4月上旬〜下旬のサクラが咲くころも、にぎわう季節。ヤマザクラやソメイヨシノのほか、エドヒガンなどに彩られる。

動物に会えるかな

　高尾山の動物として名高いムササビ（P80参照）をはじめ、哺乳類は夜行性がほとんど。夜に活動し、痕跡を残している（P84参照）。カエルや昆虫（P88参照）、野鳥たち（P92参照）は、声や姿で季節を告げる。カエルは晩冬から初夏。鳥や蝶は年中生息するものに加え、渡りのものが季節ごとに現れる。

まだまだある自然を求めて

　山を歩けば動・植物はもとより、高尾山を構成する地層・小仏層群も観察できる（P96参照）。……と、今回紹介する自然は、ほんの一面。山頂の高尾ビジターセンター（P100参照）ほか自然関連施設などで最新情報を得て、知識を深めるのも楽しい。

　春夏秋冬、高尾山の豊かな自然に会いに行こう。

		6	7	8
1		9		10
	2	11	12	13
3	4	5	14	15	16

1／高尾山で発見・命名されたタカオスミレ　2／スミレ類は種子に甘く柔らかい物質（エライオソーム）をつけ、アリに運んでもらう　3／エイザンスミレの夏葉。夏に出る葉は細かく切れ込まず、大きい　4／アオイスミレの果実。根元近くに実る　5／冬のタチツボスミレ。茎が枯れたあと小さな新葉で春を待つ　6／アオイスミレ　7／ナガバノスミレサイシン　8／ヒナスミレ　9／ニオイタチツボスミレ　10／タチツボスミレ　11／エイザンスミレ　12／マルバスミレ　13／アカネスミレ　14／ツボスミレ　15／ナガバノアケボノスミレ　16／コミヤマスミレ

スミレ王国高尾

スミレが多いゆえん

　高尾山から高尾周辺にかけて見られるスミレは約20種。変種・品種・雑種も合わせると約50種類が生育する。なかにはタカオスミレやナガバノアケボノスミレなど、高尾山で発見されたものも。国内でもスミレの多い地で、花期に歩くと10種ほどに出会うこともある。

　なぜ、スミレがよく見られるのだろうか。高尾山は古くから保護と利用がなされ、常緑広葉樹や落葉広葉樹などの自然林、植林や雑木林など多種の森が存在する。そこには尾根に沢、日向、湿った場所などがある。小さな山に多様な環境がギュッと集まっており、それぞれのスミレの好みを満たしているのだ。

じつは年中楽しめます

　スミレの花期は3月上旬〜5月上旬。日当たりのよい山麓から開花を迎える。こっそり咲くアオイスミレに始まり、沢沿いや尾根筋など思い思いの場所で春を彩っていく。そして薄暗い沢に咲く小粒のコミヤマスミレをもって、花の季節は終わる。それぞれのスミレの花期はもちろん、好む環境にも着目すると出会いやすく、より楽しめるだろう。

　花のない時期にも、スミレたちは多様な姿を見せている。たとえば葉の形を大きく変えたり（エイザンスミレやマルバスミレなど）、閉じたまま受粉する閉鎖花で実を結んで種子を飛ばしたり、アリに種子を運んでもらったり。地上に茎を伸ばして枯れ、小さな新葉で冬を越していたり（タチツボスミレなど）。花の時期に場所を覚えておき、1年を追ってみるのも味わい深い。

1

タカオスミレ
花期：4月上旬～5月上旬

ヒカゲスミレの、葉がこげ茶色の品種。小泉秀雄が発見、1928（昭和3）年に中井猛之進が変種として発表。のちに桧山庫三が品種に改めた。

2

アオイスミレ
花期：3月中旬～4月中旬

高尾山スミレリレーの第一走者。冬にはつぼみができているが、咲くのは春になってからと律儀。花は葉に隠れるように咲く。

3

ナガバノスミレサイシン
花期：3月下旬～4月中旬

高尾山のスミレでは早咲き。湿り気のある場所を好む。名前どおり葉が長い。花が終わると葉は大きくなる。高尾山では白い花も多い。

4

ヒナスミレ
花期：3月下旬～4月中旬

高尾山～陣馬山に多く、春早くに咲く。葉は先が尖った三角形で、基部が湾入。畔上能力が白い花を発見、シロバナヒナスミレと命名。

5

ニオイタチツボスミレ
花期：3月下旬～4月下旬

乾いた尾根を好む。名のとおり花に香りがあり、姿はタチツボスミレに似る。違いは葉の先端に丸みがある点。花も丸みを帯びている。

6

タチツボスミレ
花期：3月下旬～5月中旬

最もよく見る種で、花期も長い。日当たりがよいと、秋や冬にものんきに咲いている。群生したり、樹上に生育したりすることもある。

7

エイザンスミレ
花期：3月下旬～4月下旬

山麓を中心に、沢沿いなど湿った場所に生える。深く切れ込んだ葉が印象的。夏は葉が大きく、3つの切れ込みが入った形に変わる。

8

マルバスミレ
花期：4月上旬～4月下旬

毛のあるものがほとんどで、ケマルバスミレとも。沢沿いや崩れやすい斜面に群生することが多い。閉鎖花で秋まで実をつけているのが目立つ。

9

アカネスミレ
花期：4月上旬～4月下旬

尾根に多い。名は茜だが他色もあり、毛が見られる。側弁以外無毛のオカスミレ、小仏峠で発見された純白花のコボトケスミレはこれの品種。

10

ツボスミレ
花期：4月上旬～5月中旬

湿った場を好み、沢沿いなどに生育する。別名ニョイスミレ。唇弁にある紫色の筋が目立つ。秋に地上部は枯れ、新葉を残して冬を越す。

11

ナガバノアケボノスミレ
花期：4月中旬～5月上旬

芹沢俊介が高尾山で発見。アケボノスミレの葉が長い品種としたが、現在はナガバノスミレサイシンとの交雑種と考えられている。

12

コミヤマスミレ
花期：4月下旬～5月中旬

高尾山スミレリレーのアンカー。暗く湿った場で見られる。花は小さめで白く、がくは反っている。芽生えの円形の葉は、花時には楕円形。

1	2	3
4	5	6
7	8	9

［季節の花々］1／春の訪れを告げるハナネコノメ　2／春植物のアズマイチゲ　3／初夏に花をよく見かけるシャガ　4／湿った場所ににょっきり生えるキバナノショウキラン　5／意外にも梅雨明け後に咲くタマアジサイ　6／花より白毛。冬の姿が人気を集めるキジョラン　［高尾山ゆかりの植物］7／触れると香るレモンエゴマ　8／タカオヒゴタイはキク科の多年草。林床や林縁で見られる　9／タカオシケチシダはシケチシダの変種

高尾山の
野草と花たち

◁ P68
杉に着生して咲くセッコ
ク。香るものの、高い樹
上なので嗅ぐのは難しい

春夏秋冬
お楽しみ

　花は早春、山麓の川辺から。ネコノメソウの仲間や、木が芽吹く前にいち早く咲いて実をつけ、地上部を枯らして休眠する春植物のアズマイチゲなどが咲き始める。続いてスミレの季節到来。個体数は少ないものの、ラン類も多種見られる。樹上のセッコクを見終え、梅雨に入ると中腹にはヤマアジサイ、梅雨後は沢沿いにタマアジサイが咲く。秋にはキク科やシソ科の花、尾根のヤマハギ、マルバハギなどが目立つ。冬の見どころは、花のあとの姿。シモバシラの氷華（P76参照）、キジョランやテイカカズラの種子の白い綿毛が人気を博している。

気になるセッコク

　梅雨の前、杉など木の上部に白いものがびっしりついていることがある。それはセッコクの花だ。寄生して木から養分を吸っているのではなく、ただくっついているのみ。着生植物と呼ばれ、樹上で空気中の水分とその中の養分を糧にしている。そのため湿った場所を好み、沢沿いの6号路にある老杉が名所になっている。花をよく観察したい場合は双眼鏡のご用意を。清滝駅と高尾山駅、高尾山さる園・野草園には植えられたものがあり、近くで見られる。

高尾山
ゆかりの……

　高尾山で最初に発見、命名された植物は60以上を数える。古くから研究者が入山し、重ねられた調査のたまものである。タカオヒゴタイ、タカオイノデ、タカオシケチシダなど。レモンエゴマやヤマミゾソバ、シロミノアオキなども、高尾山で見出され命名された。

	2	3	4
1	5	6	7
	8	9	10

1

セッコク
花期：5月中旬〜6月下旬

着生ランの一種。粉のような小さな種子を飛ばし、樹上や岩上にたどり着いて育つ。梅雨前ごろ、葉の落ちた茎の上部に花をつける。

2

ハナネコノメ
花期：3月中旬〜4月中旬

早春、水辺にかたまって咲く。ネコノメソウの仲間で、小仏川の近くなどに見られる。割れた実と中の種子が猫の目に見える？

3

アズマイチゲ
花期：3月下旬〜4月中旬

小仏川など、山麓の沢沿いに生育する。樹木が葉を広げる前の明るい林床で、日を浴びて咲く春植物。花びらに見える白い部分は、がく。

4

シャガ
花期：4月中旬〜5月下旬

根茎で増える性質を生かし、土壌の流出防止に使われる。いたるところにあり、花期以外も登山道脇などで平たく細長い葉が目立つ。

5

キバナノショウキラン
花期：6月中旬〜7月中旬

緑葉がなく、菌類に寄生して養分を得る菌従属栄養植物。毎年同じ場に咲くとは限らないが、必ずどこかで見られる。湿った環境好き。

6

タマアジサイ
花期：8月上旬〜9月下旬

沢沿いによくある落葉低木で、高さ1〜2m。梅雨明け後に咲き、6号路などを彩る。名はつぼみが球の形をしていることにちなむ。

7

キジョラン
花期：8月下旬〜9月中旬

前年に咲いた花からの果実が、翌年の初冬に熟して割れ、白い毛とともに種子が飛び出す姿にファンが多い。

8

レモンエゴマ
花期：9月中旬〜10月上旬

1913（大正2）年、牧野富太郎が高尾山で発見した。花や葉に触れると、レモンのような香りがする。見た目はシソ科のエゴマに似る。

9

タカオヒゴタイ
花期：9月下旬〜10月中旬

舟橋氏が発見。中井猛之進が1909（明治42）年に命名し、15年に新種とした。林床や林縁に生育。葉形はよくバイオリンに例えられる。

10

タカオシケチシダ
夏緑性

1930（昭和5）年、中井猛之進が新種として発表。38年に伊藤洋がシケチシダの変種とした。葉の裏の脈上や羽軸の軟毛が特徴。

高尾の森

雑木林

トリックアート美術館

高尾山口駅

モミ

リフト

清滝駅

植林
（スギ・ヒノキ）

カエデ類

モミ

6号路

ケーブルカー

	5	6	7
1		8	
		9	10
2	3	4	11	12	13

1／11月下旬、ケーブルカー高尾山駅付近から高尾山口駅方面を望む　［植林］2／新緑のカツラ　［雑木林］3／雑木林のメイン、コナラ　4／イヌシデの果穂　［落葉広葉樹林］5／イヌブナは4～5月ごろ、花と同時に葉を開く。垂れたフサフサが雄花。雌花は上の柄　6／ブナの雌花。イヌブナと同じく、実るのは数年に一度　［常緑広葉樹林］7／カシ林の下に多く自生するアオキ。冬に赤い実をつける　8／常緑広葉樹林を代表するカシ類。左からシラカシ、アラカシ、ウラジロガシ、アカガシ、ツクバネガシ。初夏に新しい葉をつけ、古い葉を落とす　［尾根］9／モミは自然林として広く見られる　10～13／カエデの仲間は葉形にも注目　［渓谷］10／チドリノキは切れ込みがない　［紅葉］11／オオモミジは縁がギザギザ　12／メグスリノキは3枚に分かれる　［黄葉］13／ウリカエデは形が多様

高尾山の樹木たち

植林と雑木林

　　植林は杉とヒノキが大部分を占め、いたるところにある。薬王院周辺や江川スギ（P37参照）、リフト付近の北山台杉、ヒノキは5号路南西など。カツラも植林で、3号路山頂付近、日影沢入口付近に見られる。

　　雑木林は薪や材、炭、肥料や飼料などを得てきた森。ほかの樹林より背が低い。コナラ、イヌシデ、クリなど落葉樹が主で森が明るく、草木の種類が豊富だ。稲荷山コースの南面や景信山〜陣馬山で見られる。

常緑広葉樹林
（暖温帯林：カシ林）

落葉広葉樹林
（冷温帯林：イヌブナ林）

　　高尾山は暖温帯から冷温帯へ移行する場所。尾根（1号路）を境に、北面下部と南面は暖温帯の常緑広葉樹林、北面上部は冷温帯の落葉広葉樹林が広がる。

　　常緑広葉樹林（暖温帯林）は年中緑濃く、5種のカシ類を中心に、アオキやヤブツバキなどで構成。カシ林ともいう。高尾山は、実際は暖温帯北部で、この樹林が広く残る。1号路、2号路南側、3号路、いろはの森コース下部で観察できる。

　　落葉広葉樹林（冷温帯林）は新緑や紅葉など季節変化が顕著。ここでは珍しいブナとイヌブナを主に、ホオノキやアカシデも生育する。ブナは涼しい地の樹木で、本来このあたりだと標高約800m以上に分布。高尾山のブナは、いまより低温だった江戸時代後期（小氷期）生まれとされる。現在は実るが発芽せず、いずれ姿を消すと考えられている。樹林の主体はイヌブナで、イヌブナ林とも。実はよく発芽するが、枯れやすい。1号路上部、2号路北側、4号路などに見られる。

杉と ヒノキ

どちらも同じような場所に植えられている。樹皮を見ると、杉（左）のほうが小幅。ヒノキは比較的大幅で、薄め。

尾根／渓谷

　尾根は表土が薄く、乾燥しがち。かつてよく見られたアカマツはほとんど枯れたという。そんな場所で、うまく生きているのがモミである。暗い場所でも子は育ち、尾根以外にも分布。高尾山の自然林ではモミ林が目立ち、3・4号路、いろはの森で観察できる。

　一方、渓谷には、湿り気を好む樹木が育つ。フサザクラは3月下旬ごろに赤い雄しべを出し、5月ごろにはハナイカダが葉の上に花を咲かせる。夏にはタマアジサイ（P69参照）、秋にはチドリノキやイタヤカエデ、ケヤキなどが沢を彩る。前ノ沢沿いの6号路、小仏川などが観察スポット。

紅葉と黄葉

　高尾山が最もにぎわう紅葉の季節。例年11月中旬〜12月中旬、落葉広葉樹の葉が赤や黄に染まる。

　樹木は気温が低くなると、枝と葉の境界に離層をつくって水や養分の往来を止める。すると葉にたまっていた糖分などから赤い色素（アントシアン）がつくられ、紅葉する。"カエルの手"が由来のカエデの仲間では、イロハカエデやオオモミジ、メグスリノキ、ミツデカエデなど。意外と葉の形がさまざまなのも楽しい。

　黄葉は離層ができたあと、先に葉緑素（クロロフィル）が分解されて黄色い色素（カロチノイド）が見えたもの。たとえばウリカエデ、ブナやイヌブナなど。カツラは甘い香りを漂わせつつ、沢ではチドリノキやイタヤカエデが、黄色に染まる。紅も黄も、色の要は秋の冷え込み。気温の日較差が大きいほど、鮮やかになる。

```
              1
      ┌───┬───┬───┐
      │ 3 │ 4 │ 5 │
  ────┴───┴───┴───
   2
```

1／冬至の高尾山頂より。富士山頂に太陽が重
なり、輝く　2／シモバシラの花。シソ科の多年草
で、例年9月上旬〜10月上旬ごろに咲く　3／シ
ーズン初め、12月上旬のシモバシラ。枯れた茎に
氷の柱ができる。氷の高さ約30cm　4／12月下
旬、根元付近にて。高さ15cm　5／1月上旬。
茎が短くなり、細いリボン状の氷に

冬だけのお楽しみ

ダイヤモンド富士

　冬至の前後数日間（毎年12月19日〜25日ごろ）、太陽が富士山の頂に沈むところが見られる。この山域では高尾山の頂上と、そこから小仏城山方面に歩いて10分ほどのもみじ台でのみ。当日早くから三脚で場所を定め、ベストショットを狙う人も多い。

　見られるのは例年16時ごろから16時15分ごろで、その30分ほど前には多くの人がスタンバイ。除々に太陽が大きく見え始め、富士山へ近づいていく。とてもまぶしいが、山頂に触れ、隠れるまでの変化に目が離せない。その後、暗くなる前の景色もまた味わい深い。

　山中は下界よりも気温が低いので、しっかりと防寒対策をして出かけよう。日没後の行動に備え、ヘッドライトや懐中電灯を持参するのも忘れずに。

　下山中、薬王院を通るころにはムササビが出巣しているかも（P80参照）。例年、冬至の前後数日間はケーブルカーの下りの終発が18時まで延長される（雨の日は通常どおり平日17時15分、土・日と祝日17時30分）。詳細は高尾登山電鉄へ問い合わせを。

カメラで、スマホで、肉眼で。冬至の山頂で、多くの人がダイヤモンド富士を見守る

もみじ台も、午後には人が集まり始める。山頂より狭いが、視界は広め。どちらで見る？

シモバシラの不思議

　高尾山でシモバシラというと、その名をもつ植物を指すことが多い。名前の由来となった姿は冬の風物詩。12月上旬〜1月下旬、茎に氷の華が咲くのである。

　シモバシラは山麓や尾根、山頂付近などに生育するシソ科の多年草。9月上旬〜10月上旬に小粒の白い花を咲かせたあと、地上部は枯れる。その後も根は健在で、地中の水分を枯れた茎へ吸い上げていく。氷点下を迎えると水分が凍って膨らみ、茎を破って氷の柱ができる。見た目は繊細な飴細工のよう。

シモバシラあれこれ

　季節初めの12月ごろは茎の上部まで水が吸い上げられるため、氷の柱は高さ40〜60cmほどになる。吸った水が茎から出る際、氷点下だと氷が咲き、気温が上がると溶けていく（ときに翌日まで残り、新たな氷が続いてできることも）。繰り返すたび茎は壊れ、水分が上がりづらくなり、根元付近のみに小さな姿で現われるようになる。終盤の1月ごろには、横に延びて細い帯状に。やがて地面の水分が凍って吸い上げることも難しくなり、季節は終わる。

　氷の華ができるのは、氷点下の日。たいてい昼ごろには気温が上がって溶けるので、朝早めに訪れよう。ちなみに、氷が最初に咲くのは山麓。普段は山頂のほうが低温だが、冬は夜間に冷やされた空気が下ってきてたまるため、朝方は山麓が最も寒くなるのだ。

　ほかにもカシワバハグマ、アズマヤマアザミなどが氷の華を咲かせる。冬の朝に、根元を見てみよう。

1／滑空するムササビ。筒型の尾が安定性を高め、舵取りも担う。尾も入れて全長約80cm　2／樹洞からこんばんは。幹にある直径10cmほどの穴を巣にする　3／1号路で、夜空に座布団　4／巣立ちから1〜2カ月後の母（右）と子。子は毛が黒っぽい。群れはつくらないが、母子のつながりは強い　5／薬王院での観察会。強い光を避けるため、赤いセロハンを貼ったライトを使う。どうぞお静かに　6／杉の大径木にこぶし大の樹洞を発見。巣です

1	3		
2	4	6	
	5		

座布団？　ムササビだ

高尾山の
夜空を舞う

　高尾山のムササビは植田孟縉による江戸時代の書物『武蔵名勝図会』に登場するなど、古くからこの地に生息している。リス科の哺乳類で、完全な夜行性かつ樹上生活者。前脚と後ろ脚の間にある飛膜を広げ、食べる植物を求めて木から木へ滑空する。その姿から「空飛ぶ座布団」と呼ばれている。空中では上昇せず、滑空を始めた高さの約3倍の距離を移動。高く登れる木が必要で、直径30cm以上の大径木にあるこぶし大の穴（樹洞）を巣にする。キツツキがあけた穴などを広げて使うほか、屋根裏に棲むこともある。

　清滝駅から山頂までほぼ全域に生息し、すべての登山道で確認されている。なかでも薬王院付近は生息密度が高い。住まいや滑空に適した杉の大径木が多いうえ、食べ物も豊富なのだ。アクセスや見通しもよく、観察の人気スポットでもある。

ムササビたちの
日々

　基本は一頭暮らしで、年中活動している。出産は夏と冬。父は育児をせず、複数いたら母子の可能性が高い。4〜5月と9〜10月ごろの巣立ちの時期には、母に滑空や食べ物を教わる子の姿が見られるかも。

　一日を追うと、日没の約30分後に出巣し、高木に登りながらフンをする。顔を上下に振ったあと、滑空。ちなみに「グルルルー」と鳴いてから飛ぶことが多い。高尾山のムササビはよく鳴くほうで、鳴き交わす声が聞けることも。食事は最初の滑空先と夜中、夜明け前に。日の出の約30分前に巣穴へ戻り、昼間は寝て過ごす。

高尾山のシンボル的存在のムササビ。ケーブルカー清滝駅前広場では像が迎えてくれる。

グルメの証拠

観察の楽しみは「出巣」「滑空」「お食事中」の姿に「グルルルー」の声。すべて確認できたらラッキーだ。

観察前の居場所探しも兼ね、特徴的な食痕を探してみよう（P84参照）。春は花や若葉、夏は葉や実、秋は実や種、冬は芽やつぼみなど。同じ植物でも季節に応じ、おいしい部位を食べている。たとえば、アカガシやシラカシなどの葉は2つに折って一部を食すことが多く、線対称に切れたり、葉の付け根付近に丸い穴があいていたりする。ヤブツバキのつぼみは、先をかじってポイ。枝は、斜めにスパッと噛み切る。ブナの実、杉の花粉、クヌギの葉なども好物だ。

観察するには

ムササビを知り、負担を避けるのがポイント。はじめは見つけづらいので、自然関連施設などが主催する観察会に参加するのがおすすめ。

巣穴＆痕跡をチェック

明るいうちに、樹洞を見つけておく。杉やヒノキ、ケヤキ、ブナなどで直径30cm以上の大径木に多く見られる。フンや食痕（P84参照）があれば、近くにいる可能性が高い。食痕のある植物が落ちていたら、そこは昨夜のお食事処。

日没30分後

ムササビが出巣するのは、日没から約30分後のことが多い。紅葉の時期は遅くなることも。それから2時間ほどは、滑空などの姿を観察できる。暗くなるので、行動用に懐中電灯があると頼もしい。寒い時期は防寒対策もしておこう。

光にご注意

夜行性動物にとって光はかなりのストレス。探すライトはグループにひとつで充分。光源に赤いセロハンを貼り、光を弱める。それでもまぶしいので、適宜手で覆って調節し、巣の外側を照らすように。フラッシュ撮影もできるだけ控える。

ひっそり静かに

大勢でざわついていると出巣しなかったり、行動に影響を与えたりすることがある。なるべく少人数で観察し、薬王院の境内では特に静かに。滑空前などの鳴き声に耳をすまそう。ムササビたちが出てきたら、石になったつもりでじっと動かずに。

食痕

アカネズミ

ニホンリス

ムササビ

フン

ニホンテン

タヌキ

ムササビ

掘跡

イノシシ

足跡

ニホンアナグマ

アカギツネ

高尾山の動物たち

日中は眠る派
が多数

　高尾山では、約30種の哺乳類が確認されている。しかし日中、登山道を歩いているときに出会うことはほとんどない。そもそも個体数が少ないうえに夜行性のものが多く、警戒心も強いからである。

　運よく姿を見られるとすれば、ムササビ（P82参照）やニホンリス、ニホンアナグマなど。たまにのんきなものがいるものの、登山者の多い環境ではなかなか出てこない。登山道をちょっと横切ったり、音がするほうを見たらいた、ということはある。しかし一瞬で逃げてしまい、写真に収めることは難しい。

姿なくとも
サインあり

　昼間に高尾山を歩いても出会わないとなると、生息しているとは思えないかもしれない。しかし動物たちは食べ跡やフン、足跡などの痕跡、つまり「フィールドサイン」を残している。

　たとえば足元をよく観察すると、落ちている木の実や葉、枝などに食痕が見られることがある。スパッと切れていたり、不思議な穴があいていたりと、動物ごとに個性ある食べ方を披露している。

　フンもいろいろで、目立つところに放つもの、決まった場所にためるもの。ぽってり型、コロコロタイプなど。木の枝などでほぐしてみると、種や植物が入っていることがあり、食べ物がわかっておもしろい。

　地面に足跡や、穴を掘った跡を残すものもいる。そして、冬の雪。アカギツネやニホンノウサギなど夜に活動する動物たちが、雪上に足跡を残していく。

この跡、どなた？

1	2	
3	4	8
5	6	
7		9	10

アカネズミ
食痕 … 1

夜行性で、姿はほとんど見かけない。オニグルミの両側に穴をあけて食べるのが特徴的。雑食で、巣穴などに食料を大量にためている。

ニホンリス
食痕 … 2

ぱっくり割れたオニグルミ、エビフライ状の松ぼっくりなど食痕が目立つ。昼間、主に樹上で活動するが、姿を見ることは少ない。チャンスは早朝。

ムササビ
食痕 … 3・4、フン … 7

P82参照。アカガシなどの葉にある線対称の切れ目や穴は代表的な食痕。ヤブツバキのつぼみも好物。フンは直径約5mm、割るとわら状。大木の下にある。

ニホンテン
フン … 5

フンで縄張りを示す習性があり、石やベンチの上など目立つ場所に放たれている。主に肉食だが、フンに木の実や草の実が入っていることも。

タヌキ
フン … 6

主に夜行性。ご近所タヌキとの情報交換のため、定位置にフンをする（ためフン）。登山道付近にはあまりない。雑食で、フンから芽が出ることも。

イノシシ
掘跡 … 8

エサを求め、登山道脇や山中の土を掘り返す。ブルドーザーで掘ったように派手だが、日中は姿を見かけない。ほか、泥浴び用のヌタ場があることも。

ニホンアナグマ
足跡 … 9

巣穴や足跡を見るのは、まれ。姿を見る可能性のほうが比較的高く、高尾山口駅や薬王院、山頂周辺で出会うことがある。12～2月ごろは冬眠中。

アカギツネ
足跡（雪上） … 10

姿を見ることは、まずない。歩いた跡は直線状になるのが特徴。降雪後、山頂～一丁平園地方面や裏高尾の雪面に足跡が残されることがある。

＊ムササビをのぞく動物の姿、アカギツネの足跡（P85）は高尾山以外で撮られた写真です

1	2	3
4		
5	6	

1／カエルシーズンの始まりを告げるヤマアカガエル。2月上旬とまだ寒い時期、水たまりに1000個ほど産卵する　2／タゴガエルは岩の隙間から独特な声を聞かせつつ、なかなか姿は見られない。3月中旬から約50個産卵　3／アズマヒキガエルは3月下旬に集結。ひも状の卵塊（数千個入り）を産む　4／カジカガエルは山麓の渓流住まい。5月ごろ、川にある石の下に、50個程度の塊を産卵　5・6／モリアオガエルは6月、樹上に泡巣をつくって産卵する。塊状で、内部に300〜800個の卵を含む。これはアブラチャンに産みつけられたもの

1／ルリタテハ。花より樹液を好む
2／10月下旬、コウヤボウキの蜜を
吸うアサギマダラ。渡りをすることで
知られる。成虫は4〜10月を高尾
山、ほかは南で過ごす。幼虫は冬も
高尾山でキジョランの葉を食べて
育つ　3／ハルジオンにとまるウス
バシロチョウ。見られるのは初夏の
1カ月ほど。蝶のスプリングエフェメラ
ルと呼ばれるひとつ　4／モンキアゲ
ハ　5／オオムラサキ。日本の国
蝶　6／行ノ沢ゆかりのムカシトンボ。コケ類などに産卵、羽化に5〜
8年かかる。流量が安定し、あまり
手の入っていない渓流でのみ生息
できる。成虫の動きは速い

カエルの季節／爬虫類

	1	2	3
	4		
	5		

お楽しみは卵、鳴き声、姿

高尾山に生息するカエルは10種。例年2月～6月ごろ、種ごとに繁殖期を迎えて声を聞かせ、卵を産む。みな水分のあるところを好み、山中や山麓、水たまりや岩など、それぞれお決まりの場に生息する。声のするほうを見てみよう。代表的なのはこちらの5種で、ほか山中ではニホンアマガエル、山麓にはシュレーゲルアオガエル、ニホンアカガエル、ツチガエル、トウキョウダルマガエルが確認されている。

爬虫類はニホンマムシ、アオダイショウ、ヤマカガシ、タカチホヘビなどが生息する。4～10月ごろ登山道を歩いていると、ヒガシニホントカゲに出会うことも。

1 ヤマアカガエル ｜ 2～3月頃

「鳴き声：キュキュキュ クココ」

2月上旬、最も早く登場。雪でも凍結でもなんのその、林道脇の水たまりなどへ産卵する。

2 タゴガエル ｜ 3～4月頃

「鳴き声：ゴッゴッゴッ ガガガッググー」

3月下旬、沢沿いの岩の隙間から独特の鳴き声が。のぞくと姿が見られるかも。

3 アズマヒキガエル ｜ 3～4月頃

「鳴き声：グッグッグッグッ」

がまがえるとしておなじみ。3月下旬、道端の水たまりなどで身を寄せ合い、団子状に。

4 カジカガエル ｜ 4～6月頃

「鳴き声：フイフイフイフイ」

山麓の渓流にて、4月下旬に鳴き始める。高尾山口駅を出てすぐ、案内川からも声が。

5 モリアオガエル ｜ 5～6月頃

「鳴き声：コロコロ コロロロ」

6月、水際の樹上に泡状の卵塊が見られる。薬王院付近の水路で産むことも。

ヒガシニホントカゲ ｜ 4～6月頃

かつては西日本に生息するものと同じくニホントカゲとされていた。2012（平成24）年に別種とわかり、東日本のトカゲとして新たに命名。

高尾山の昆虫

高尾で育まれる昆虫たちの世界

高尾山は明治時代から、国内外の昆虫研究者や愛好者を魅了してきた。昆虫採集や研究が行なわれてきた結果、名を冠するタカオメダカカミキリ、高尾山で初めて産卵行動が観察されたムカシトンボなど、ゆかりの昆虫も複数存在している。

現在も昆虫類は多く、実数は未知ながら約5000種が生息するともいわれる。うち、蝶は80種以上が確認されている。かつての代表種ギフチョウは1950年代後半に消え、最近はアカボシゴマダラなどの外来種の姿が。幼虫たちは種ごとに好物の葉があったり、葉の裏にいたりと、植物との関係も見られる。

1
ルリタテハ | 3～11月頃
成虫で越冬。樹液に集まっていることが多い。幼虫はサルトリイバラなどユリ科の葉が好物。

2
アサギマダラ | 4～10月頃
幼虫はキジョラン（P69参照）の葉裏に丸く跡をつけ、その内側を食べる。葉裏でさなぎに。

3
ウスバシロチョウ | 4～5月頃
アゲハチョウ科。年に1度、初夏のみ現われる。幼虫はムラサキケマンなどを食べる。

4
モンキアゲハ | 5～9月頃
体長約10cm以上と大きめ。特定の経路を飛ぶ習性がある。幼虫はカラスザンショウなどの葉を食べる。

5
オオムラサキ | 6～8月頃
日本の国蝶。幼虫はエノキの葉を食べ、その樹下の落ち葉の裏に付着し、冬を越す。

6
ムカシトンボ | 5月頃
渓流に生息。1933（昭和8）年5月、朝比奈正二郎が蛇滝（行ノ沢）で産卵行動を初確認。

タカオメダカカミキリ | 5月頃
1952（昭和27）年に発見され、58年に大林一夫が新種として発表。体長約5mm。幼虫はブナの枯れ枝を食べる。

＊記載の月は、成虫が見られるおおよその時期

91

［山中の留鳥］1／コゲラ。頭にある赤い羽根が見えたらラッキー 2／ぼさぼさ頭が特徴のヒヨドリ。甲高い鳴き声が各所から聞こえる。冬、ツグミやシロハラと一緒にイイギリの実をつつく 3／ご覧のとおりの名をもつメジロ。ウメやヤブツバキの蜜を吸う 4／ほおが白いシジュウカラ。ヤマガラやエナガなどと群れることが多い（混群） 5／青い羽根（雨覆）が目立つカケス。高尾ビジターセンターのスタンプやオリジナルピンバッジの題材にもなっている

幻の鳥

かつてアカショウビンとともに、高尾山を代表する鳥として知られたブッポウソウ。1938（昭和13）年ごろより確認され、毎年5月ごろに東南アジアからやってきては子を育てていた。しかし1983（昭和58）年を最後に姿を消し、現在に至る。高尾地区自然公園管理運営協議会は2017（平成29）年、明治の森高尾国定公園指定50周年を契機に「ブッポウソウ復活プロジェクト」を開始。2019（平成31）年、高尾山さる園・野草園、高尾山仏舎利塔裏、高尾ビジターセンターに巣箱を設置した。現在は八王子・日野カワセミ会と高尾ビジターセンターが連携し、巣箱のモニタリングを行なっている。

6	7
8	9
10	11
12	13
14	15

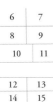

[水辺の留鳥] 6／カワセミ。別名、空飛ぶ宝石　7／色鮮やか
なキセキレイ　[夏鳥] 8／黄と橙色が印象的なキビタキ　9／オ
オルリ。1991（平成3）年に八王子市の鳥に　10／クロツグミは
黄色いくちばしと脚に注目　11／ホトトギス。特許許可局と鳴く
[漂鳥] 12／ウソは口笛のような声。サクラのつぼみを食べる
13／ルリビタキ。1羽でいることが多い　[冬鳥] 14／ジョウビタキ。
翼の白い斑から、紋付鳥とも　15／マヒワの群れ。今年は来る？

高尾山の鳥たち

季節を感じる

高尾山では現在、94種の野鳥が確認されている。年中高尾住まいの留鳥（りゅうちょう）は、コゲラやイカル、カラ類のシジュウカラ、ヤマガラ、ヒガラなど。加えて、季節ごとに現われる渡り鳥（下記参照）たちの、声や姿を楽しもう。

春から夏はさえずりの季節だ。夏鳥（なつどり）であり、高尾山を代表するオオルリ、キビタキ、クロツグミなどが姿を見せ、山麓ではイワツバメが営巣する。ホトトギスとツツドリは、子を托す鳥探し。留鳥のカラ類もよく鳴き、カケスは独特の声を聞かせる。秋には、旅鳥（たびどり）のサシバが南へ向かう渡りが観察できることもある。

冬は鳥数が最多に。冬鳥（ふゆどり）のツグミ、ジョウビタキ、漂鳥（ひょうちょう）のウソ、アオジなどが到来する。マヒワとアトリが来るかは、年によってのお楽しみ。留鳥のカラ類とエナガ、コゲラなどは一緒に行動する姿が見られる。

さえずりの季節は森が茂り、山中で姿を見るのは難しい。楽しみは声。葉が落ちた冬は、姿を観察するのによい季節だ。案内川（あんない）や小仏川（こぼとけ）など、山麓の渓流に暮らす鳥もいる。ミソサザイやキセキレイ、カワセミ、アオサギなど。運がよければカワガラスに会えるかも。

---

* 留鳥：年中観察でき、一年を通して同じ地域に生息する鳥。高尾山ではコゲラ、シジュウカラなど46種。

* 夏鳥：春〜秋に観察され、越夏する鳥。冬季は南（低緯度地域）に移動するもの。
高尾山ではオオルリ、キビタキなど14種。

* 冬鳥：秋〜春に観察され、越冬する鳥のうち、夏の間は北（高緯度地域）へ移動するもの。
高尾山ではジョウビタキ、ツグミなど13種。

* 漂鳥：秋〜春に観察され、越冬する鳥のうち、夏の間は日本国内の高標高地に移動するもの。
高尾山ではウソ、ルリビタキなど11種。

* 旅鳥：春と秋に観察され、その日のうちに通過してしまうか、滞在しても数日間の鳥。夏の間は北（高緯度地域）、
冬の間は南（低緯度地域や南半球）に移動する。高尾山ではサシバ、ハチクマなど10種。

1	2	6	7
3	5	8	9
4		10	11
		12	13
		14	15

1

コゲラ	留鳥

「鳴き声：ギィーギィー」
ケラ類（キツツキ）では最も多く、声もよく聞こえる。木登りし、幹へ縦にとまるのが特徴。

2

ヒヨドリ	留鳥

「鳴き声：ピーヨ・キーヨ」
波型に飛ぶ習性をもつ。高尾山では留鳥のほか漂鳥と旅鳥もおり、春と秋に個体数が増える。

3

メジロ	留鳥

「鳴き声：チョウベイ・チュウベイ・チョウチュウベイ」
山全体に生息し、なかでも暖温帯林を好む。地鳴きはチィー。

4

シジュウカラ	留鳥

「鳴き声：ツーピー・ツーピー」
よくさえずる種のひとつ。樹林の種類を問わず、木の高い場所から地面までいたるところにいる。

5

カケス	留鳥

「鳴き声：ジェージェー」
カラスの仲間。ドングリを地中や木の隙間にため、冬に食べたり、食べ忘れたりする。

6

カワセミ	留鳥

「鳴き声：チーツッチーツピー」
案内川や小仏川に生息し、魚を獲って食す。河原の土手や赤土の崖に横穴を掘って巣にする。

7

キセキレイ	留鳥

「鳴き声：チチッチチッチン」
山麓の水辺や、6号路に生息。薬王院周辺で見られることも。長い尾を振って鳴く。

8

キビタキ	夏鳥

「鳴き声：ピッコロロ・ピッコロロ」
例年4月ごろやってきて、10月ごろ南へ向かう。林の中では姿が見えづらい。

9

オオルリ	夏鳥

「鳴き声：ピチュー・ピィ・ピィ・ピピチュー・ジジ」
夏の代表種で、4月ごろ渡来。渓流の高木上部で鳴く。

10

クロツグミ	夏鳥

「鳴き声：キョロリキョロリキャラキャラツリー」
森のテナー歌手。7月ごろまで歌う。最近は数が減っている。

11

ホトトギス	夏鳥

「鳴き声：トッキョキョカキョク」
5〜6月ごろ繁殖。カッコウと同様、卵や子の世話をほかの鳥に托す習性（托卵）がある。

12

ウソ	漂鳥

「鳴き声：ヒーホー・フィフィ」
11〜3月をここで過ごし、去るころサクラのつぼみを食べる。山腹より上にいることが多い。

13

ルリビタキ	漂鳥

「鳴き声：キヒヒッ・グッグッ」
11〜3月に山中で見られる。うす暗い場所が好みで、林の下などにいる。雌雄で姿が異なる。

14

ジョウビタキ	冬鳥

「鳴き声：ヒーヒッ・カッカッ」
日当たりよく、明るい環境好き。鳴くときピョコッとお辞儀し、尾を振る。低い枝などにいることが多い。

15

マヒワ	冬鳥

「鳴き声：チュイリーン クチュクチュ」
多数飛来したり、1羽もこなかったりと、年によりかなり差がある。見られるなら2〜3月。

高尾山を構成する地層・小仏層群。山中で多様な姿が見られる 1／6号路沿い（砂岩）。強い圧力を受け、地層が縦に　2／1号路、布流滝から少し登った地点で観察できる現象「岩盤クリープ」。破断面の上の地層が重力で斜面下方へゆっくり滑る際、深い部分が抵抗して地層がねじ曲がる　3／女坂付近（粘板岩主体の砂岩頁岩互層）。風化でぼろぼろ、褐色に　4／1号路、布流滝下流の河床沿い（千枚岩）。薄く層状。スケールは1m

1		
2	3	
	4	

岩盤クリープで
変形した
小仏層群の向き

破断面

もともとの
小仏層群の向き

5	6
7	8

［現在の高尾四滝］5／清滝は清滝駅広場の脇にある。例年4月1日に琵琶滝、蛇滝と合わせて滝開きが行なわれる。滝じまいは10月31日　6／1号路のヘアピンカーブ、待機所の奥にひっそりと存在する布流滝　7／蛇滝は北面にあり、裏滝と呼ばれる。ご本尊は青龍大権現　8／琵琶滝は6号路の途中にある。水源は6号路付近の鹿鳴洞で、蛇滝より水量は多い。表滝とも呼ばれ、ご本尊は大聖不動明王。蛇滝と同じく、現在も滝行が行なわれる

高尾山の地質・滝

高尾山の成り立ち

高尾山は小仏層群という地層でできている。名は小仏峠にちなみ、生まれた場所は海の底。その成り立ちを追ってみると……（右ページ図参照）。

約1億年以上前、恐竜がいたころのこと。前弧海盆から海溝など海底へ、砂や泥（乱泥流）が流入。水平に堆積し、小仏層群のもとになる地層が生まれた（①）。

約1億年〜約500万年前。海洋地殻が大陸地殻の下に沈み込む際、海溝や海洋地殻上の地層（堆積物）は相対的に軽くて一緒に沈み込めず、はぎ取られることに（この物質を付加体という）。これがすでに大陸の縁にあった秩父帯（付加体）に押しつけられ、四万十帯（小仏層群を含む付加体）になった。その後も地殻の沈み込みによって新しい付加体がつくられるなど、水平方向の力を受けて地層が変形していく（②）。

そして約500万年前以降。南から丹沢ブロックがやってきて、本州に衝突。四万十帯の一部である小仏層群がグッと押し上げられて、高尾山ができたという（③）。

地質に注目

小仏層群は、主に砂と泥が層状に重なる「砂岩頁岩互層」からできている。*岩石の特徴を見てみよう。

砂岩は明るめの灰色で硬く、地層は厚くどっしりした印象。ブロック状に割れている。頁岩（粘板岩）は、泥でできた岩石。黒みがかった濃い灰色でもろく、薄い板状に割れている。6号路の硯岩は、その一例。高尾山では、頁岩が海洋地殻の沈み込みの際に強い圧力を受け、さらに薄い層状の千枚岩になっていることが多い。

　*河床などに露出する、新鮮な状態の場合

①約1億年以上前
前弧海盆から砂や泥が運ばれ、海溝などの海底へ堆積。小仏層群のもとになる地層ができる。

②約1億年〜約500万年前
海洋地殻が沈み込み、堆積物が秩父帯に押しつけられて四万十帯（小仏層群）になった。沈み込みは続き、圧力で地層が変形。

③約500万年前以降
丹沢ブロックが本州に衝突。小仏層群が隆起し、高尾山が誕生した。秩父帯は奥多摩の山地に。

①
北 南
前弧海盆 乱泥流 小仏層群のもと
海溝
人陸地殻 現在の秩父帯（付加体） 水平方向の圧力
沈み込む 海洋地殻（太平洋プレート）

②③
北 南
奥多摩 高尾山 隆起
本州 丹沢ブロック 伊豆
大陸地殻 秩父帯（付加体） 衝突 水平方向の圧力
四万十帯の小仏層群（付加体） 沈み込む 海洋地殻（フィリピン海プレート）

小仏層群を味わう

　山を歩き、実際に小仏層群を観察してみよう。6号路が最も見やすく、1号路、稲荷山コースでも観察できる。生まれたとき水平だったはずの地層が縦になっており、強い圧力を受けたことがわかるだろう。

　同じ小仏層群でも場所によって風化の度合いが異なり、色や硬さに変化が見られる。風化とは、地層や岩石が地表の環境に長く置かれ、気象や雨水、植物など生物の影響を受け軟弱になったり、褐色に変化したりすること。尾根道や歩道沿いの切り取りなどに露出するものは風化が進み、手で触れても崩れ落ちるほど軟らかく褐色に（P96写真3）。風化が進んでいない地層は、沢沿いの水流に洗われた部分に見られることが多い（P96写真4）。ほか、地層が滑る様子（岩盤クリープ）を観察できる場所も（P96写真2）。

滝の成り立ち

　高尾山にある琵琶滝、蛇滝、清滝、布流滝はかつて高尾四滝と呼ばれていた。成り立ちは説話が中心だ。
　琵琶滝と蛇滝は、俊源大徳（P163参照）に関するもの。琵琶滝は俊源が出会った琵琶を弾く人、蛇滝は俊源が助けた蛇により誕生したなど、数種の説話が残る。
　清滝は1755（宝暦5）年、植田魯石らが開創。琵琶滝の下流を水源とし、かつては参詣前に垢離をとる場だった。布流滝も古くは垢離場だったが、水が枯れることもあったという。そのため清滝が開かれ、こちらは古滝（布流滝）と呼ばれるようになったとの説がある。昭和30〜40年代に砂防堰堤と化し、いまに至る。

1／1階奥の展示場。一部の展示情報は季節によって変化する　2／山頂で登山者を迎える高尾ビジターセンター。東京都の施設で、現在の館は3代目　3／地下ではムササビの生態や、奥多摩など近隣のビジターセンターを紹介している

4	5
6	7
	8

4／高尾山に生息する昆虫類の標本　5／ネイチャーショップではオリジナルグッズ、解説員が愛読する高尾山関連本を販売。どれを購入しても大満足　6／最新の見どころを掲示。気になるものは解説員に聞いてみよう　7／登山道情報、天気、ケーブルカーやバスの時刻など、知りたいことがすぐわかる　8／ワークショップの内容は時期によってさまざま。今日は動物のフィールドサインを学び、サコッシュにスタンプをポン

高尾ビジターセンター

**山頂にて
情報発信中**

　頂上の三角点至近、一等地に立つ高尾ビジターセンター。解説員（インタープリター）が常駐し、日々、高尾の自然に関する最新情報を提供している。

　開館は1968（昭和43）年。「自然公園の利用者に自然や人文についてわかりやすく展示・解説するとともに、管理の拠点として適切な利用指導、案内を行ない、自然保護思想の高揚を図ること」を目的として設置された。多くの人に愛されながらも1978（昭和53）年落雷に遭い、1982（昭和57）年新設。2015（平成27）年にリニューアルし、現在に至る。

　1階は情報コーナー、ネイチャーショップなど。資料や地図も配布している。地下は各種自然情報や、御岳、奥多摩といった近隣の情報を展示。ちょっと立ち寄るだけでも、解説員にじっくり聞くのもいい。

**高尾の自然を
楽しく解説**

　毎日13時30分より、ガイドウォーク（参加費100円）を開催している。ずばり「歩いて5〜10分の距離を50分で解説」。植物や昆虫など、解説員がそれぞれの専門分野を存分に生かし、山頂周辺を歩きながら紹介してくれる。内容は当日のお楽しみ。ほかに、植物や動物にまつわるお話とグッズ作りを合わせたワークショップ（1日2回。要参加費）もある。解説員たちによる、年4回発行のニュースレター「のぶすま」は必見。高尾の自然を見つめ続ける方々ならではの切り口で、自然の情報をイラストとともに紹介している。ウェブサイトからも閲覧可能なので、ぜひ。

自然関連施設と
観察会へ

行って歩いて
深く知る

　高尾山と周辺の自然関連施設では、ガイドウォークや観察会を開催している。当日気軽に参加できる短時間の会、施設やその付近の解説、あるテーマに迫り、半日程度歩くものなどさまざま。知識を深めたり、新たな視点を得たりできる。詳細は問い合わせを。

多摩森林科学園（P114）

☎ 042-661-1121
http://www.ffpri.affrc.go.jp/tmk/
● 開園時間：9時30分（4月は9時）〜16時
　（入園は30分前まで）
● 休園日：月曜日（祝日の場合は翌日。3〜4月は無休）、12月26日〜1月6日
園内ガイドツアー等はHPにて要確認。

高尾森林ふれあい推進センター

☎ 042-663-6689
https://www.rinya.maff.go.jp/kanto/takao/
● 開館時間：10時〜12時、13時〜16時
　（入館は展示室が閉館30分前、クラフト体験室が閉館1時間前まで）
● 休館日：水曜日、年末年始

森林・林業に関する展示やクラフト体験を実施。自然関連協定団体との協定イベントや森林カレッジ開催も。

高尾ビジターセンター

☎ 042-664-7872
https://www.ces-net.jp/takaovc/
● 開館時間：10時〜16時
● 休館日：月曜日（祝日の場合は連休明けの平日）、年末年始

左記のほか雨の日や繁忙期は1日1回、レンジャートークを開催。月1回程度の自然教室は要事前申し込み。オンラインショップもある。

高尾599ミュージアム（P148）

☎ 042-665-6688
http://www.takao599museum.jp/
● 開館時間：8時〜17時（12〜3月は16時。入館は30分前まで）
● 休館日：無休（年数回メンテナンス休あり）

野草やコケ、樹木、ムササビ、案内川の水生生物など、自然をテーマにした観察会を月1回程度開催。要事前申し込み。

八王子ネイチャープログラム

● 自然観察会：八王子観光コンベンション協会
　☎ 042-649-2827
● ハイキングガイドツアー：高尾山口観光案内所
　☎ 042-673-3461
https://www.hkc.or.jp/nature_program/

高尾山口観光案内所（むささびハウス：P144）
● 営業時間：8時〜17時（12〜3月は16時）
● 定休日：無休（年1回メンテナンス休あり）

ハイキングガイドツアーを月2回、植物専門家と歩く自然観察会を年6回程度開催。web申し込み。

3 章

高尾山のその先へ

高尾山〜景信山

◁ P104-105
もみじ台から先の道は植生が豊かで、秋になると両側をススキの穂がいろどる

足を延ばして
小仏城山

　高尾山から北西には、長い登山道が続いている。これは、奥高尾縦走路と呼ばれ、高尾山、景信山、陣馬山、さらに奥多摩の臼杵山をつないでいるものだ。かなりのロングコースなので、ここでは陣馬山までのコースを紹介しよう。高低差が少ないため、縦走の入門としてチャレンジする人も多い。

　高尾山山頂の曙亭の先を右に折れて階段を下ると「これより奥高尾」の看板が立つ。いざ！と、気を引き締めて直進すると、5分もたたずにもみじ台に到着。なおも直進し、一丁平園地を通過すると、道が二手に分かれるので左の尾根上の道へ。大垂水峠からの道と合流すれば、ひと登りで高尾山のお隣の小仏城山に到着する。

富士山眺めて
景信山

　小仏城山の茶屋で一服し、アンテナ塔の横を進むと、20分ほどで展望所となる。富士山の手前に相模湖が広がり、中央道がカーブを描く、美しい眺めだ。その先を下ると小仏峠（P113参照）で、明治天皇行幸碑と、タヌキ家族の置物がある。

　ここから、やや急な箇所もあるので、焦らず、マイペースで登っていきたい。1時間弱でテーブルと椅子がひしめく景信山に到着。高尾山の稜線を望め、歩いてきた道のりを確かめられるのが感無量だ。三角点がある山頂からは八王子市内を一望できる。

　ちなみに、小仏峠からも、景信山からも、小仏バス停に下りられる。柔軟な山歩きが可能である。

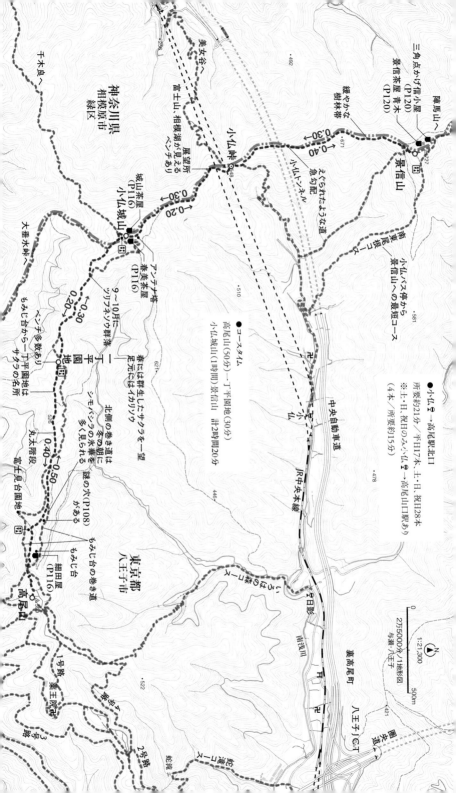

陣馬山へ

三角点かげ信小屋
（P120）
景信茶屋 青木
（P120）

美女谷へ

緩やかな
樹林帯

景信山

小仏バス停から
景信山への最短コース

南東尾根
景信山コース

小仏バストンネル

0.30→
←0.40

・671

・492

・581

神奈川県
相模原市
緑区

富士山、相模湖が見える
ベンチあり

展望所

小仏峠

えぐられたような広道

小仏山急勾配

・548

小仏トンネル

←0.20
0.30→

城山茶屋
（P116）
小仏城山

大垂水峠へ

アンテナ塔
春美茶屋
（P116）

9～10月に
ツリフネソウ群落

一丁平園地

・510

・629

中央自動車道

卍

小

仏

JR中央本線

●小仏⇄→高尾駅北口
所要約21分／平日17本、土・日、祝日28本
※土・日、祝日のみ小仏⇄→高尾山口駅あり
（4本／所要約15分）

●コースタイム
高尾山（50分）→一丁平園地（30分）
足元には群生したサクラを一望
小仏城山（1時間）景信山　計2時間20分
北側の巻き道は冬の間を頭に
シモバシラの氷華を
多く見られる

東京都
八王子市

謎の穴（P108）
がある

もみじ台の巻き道
細田屋
（P116）

・478

もみじ台

0.20→

・528

0.30

0.40

0.50

ベンチ多数あり
サクラの名所

もみじ台から一丁平園地は
サクラの名所

丸太階段
富士見台園地

・522

高尾山

1号路

薬王院卍

2号路

3号路

蛇滝口

蛇滝コース

4号路

裏高尾町

八王子I.C

N

1:21,300
2万5000分の1地形図
与瀬／八王子

0   500m

・446

・421

浅川

南浅川

0日影

日影バス停

高尾駅

園
央
道

・577

	2
1	---
	3

4

1／高尾山山頂から階段を下り、5号路を横切った先に立つ、いい雰囲気の看板　2／広い平地で、あずまややや複数のベンチが設置され、休憩に最適な一丁平園地。トイレもある　3／1の看板が立つ六差路で、もみじ台へ直進をせずに右の巻き道に進むと、途中にある謎の穴。炭焼き窯跡とも、焼却炉跡とも、祠跡とも思えるが、誰に聞いても定かでなく、真相は不明　4／小仏峠の手前にある展望所からの眺めは芸術的で美しい

5

	6
7	9
8	

5／景信山は多くのベンチとテーブルが用意されている　6／かつて皇室の財産であった森林を物語る御料局三角点は、上部が赤く塗られている　7／随所に道標が設置され、巻き道も多い、よく整備された登山道　8／鋭意修復中の明王峠茶屋　9／陣馬山のシンボル、白馬像

高尾山のその先へ

景信山〜陣馬山

＊御料局三角点／明治時代、皇室の財産である森林（御料林）は宮内庁御料局が管理していた。その基準点として設置されたものが御料局三角点

穴場の休憩所 堂所山

縦走をしていると、景信山から先はぐっと人が少なくなる。尾根よりも少し北の斜面を進んでいくため、ぬかるみやすいので、雨の後は注意が必要だ。30分ほど行くと鉄塔があり、続いて白沢峠となる。

この区間は、小さなピークが連続して現われるが、いずれも巻き道があるので、体力温存のために巻き道を選ぶのもよい。ただし、堂所山の分岐では、ぜひとも巻き道ではなく、右手の急坂を進んでほしい。登る気が失せるほどの急登ではあるが、それに見合う山頂が待っているのだ。ベンチと＊御料局三角点があるだけの山頂で、訪れる人が少ないため、秘密の隠れ家っぽく、落ち着いて休憩できる。

白い馬が待つ 陣馬山

堂所山を後にし、左側の林が大胆に伐採されたエリアを通過すると、陣馬高原下バス停に下りられる底沢峠に着く。次の明王峠には茶屋とトイレがあるが、茶屋は2019（令和元）年の台風で大打撃を受け、現在休業中。早期再開を望みつつ先へ進めば、縦走も終盤だ。奈良子峠を過ぎ、新ハイキングコースを右手に、栃谷への道を左手に分ければ、ついに白馬の像が立つ陣馬山に到着。富士山をはじめ、南アルプス、道志山塊、奥多摩の山々など、ぐるりと360度見渡せる景色は、完走のご褒美となるだろう。

下山は新ハイキングコースをおすすめしたい。木の根に注意しながら下ると、やがて沢が近づき、車道に出る。ここから陣馬高原下バス停へ向かう。

1／小仏城山から小仏峠へ続く登山道にて。このあたりのサクラ
は、例年4月中旬以降に見頃を迎える。ヤマザクラやソメイヨシノ
などが咲き、春の名所のひとつとして親しまれてきた　2／都心で
の満開から約1週間。例年4月上旬ごろ、山麓のサクラが咲き誇
る。ケーブルカーの清滝駅前の広場では、大木のソメイヨシノがお
出迎え。エドヒガンとオオシマザクラの交配種とされる

1

2

1	2
3	

1／小仏峠の茶屋跡近くにある「高尾山道」と刻まれた道標。建立は1795（寛政7）年となっている　2／小仏バス停から峠へ向かう途中にある宝珠寺（ほうしゅうじ）。じつは、景信山の山麓にあったこの寺のご本尊が小さい仏様であったことから、「小仏」の地名がつけられたといわれている。参道の中腹には東京都の天然記念物に指定されたカゴノキの巨木がある　3／小仏峠の頂上にある明治天皇の行幸碑と三条実美の歌碑

高尾山のサクラ

山上の サクラたち

高尾山のサクラの見頃は例年4月上旬～4月中旬。山麓に始まり、翌週には山頂のサクラが花盛りに。

同じころか数日後に、サクラの名所として有名な一丁平のほか、もみじ台や小仏城山方面も満開を迎える。この稜線のサクラはヤマザクラとソメイヨシノがメインで、古くは80年ほど前と、1967（昭和42）年に明治の森高尾国定公園に指定された際などに植えられたもの。また、73（昭和48）年には記念切手の絵柄にもなった。ただサクラにはやや厳しい環境のようで、寿命もあってか20年ほど前から樹勢が衰えはじめたという。高尾山関係者と植物専門家で協議し、2016（平成28）年度に一部を伐採、剪定。引き続き状況が見守られている。数は減ったものの、現在も900本ほどのサクラが春の高尾山を彩る。

小仏城山の先、景信山や明王峠、陣馬山などもサクラがみられ、例年4月中旬に見頃を迎える。

サクラを知る

多摩森林科学園（P103）では、1966（昭和41）年から園内に＊サクラの保存林を設けてサクラの遺伝資源の保存・研究を行なっている。江戸時代以前からの栽培品種や、天然記念物などを接ぎ木で増殖したもの、野生のものを植栽。同じ由来のサクラを1ラインとし、その数約600、約1800本を鑑賞できる。見頃は2月下旬～4月下旬。園内の「森の科学館」では、サクラの解説パネルを展示している。

＊2019年の台風19号による被害のため、2021年現在閉鎖中

小仏峠

猛者たちが越えた峠

　小仏バス停を出発し、つづら折りの山道を1時間ほど登ると、小仏峠（548ｍ）の頂上に着く。かつてこの峠は、甲斐国と武蔵国・相模国を結ぶ要衝であり、幕末には甲陽鎮撫隊（新選組）の近藤勇や土方歳三なども越えていったという。

　もともと小仏峠には関所が置かれていたが、1580（天正8）年に山麓の駒木野（P184参照）に移された。そして江戸時代に甲州道中が整備されると、人々の往来が盛んになる。1820（文政3）年に成立した『武蔵名勝図会』によると、峠には茶店が2〜3軒あり赤飯が名物であったとのことだ。

静かな山歩き

　現在、小仏峠には明治天皇の行幸碑と太政大臣であった三条実美の歌碑が立っている。行幸碑は、1880（明治13）年に明治天皇が甲州へ向かう際に、小仏峠手前の麓にあった鈴木家で馬車から御輿に乗り換えて小休止したことを記念したものだ。当時は、まだ鉄道が開通していなかったので、天皇は全国を馬車で巡幸していた。また、歌碑に刻まれている和歌は、三条実美が高尾山薬王院に参拝して詠んだもので、当時の八王子周辺が養蚕や製糸業でにぎわっている様子が描写されている。

　その後、1888（明治21）年に国道16号（現在の国道20号）が、大垂水峠に開通。小仏峠は、通行する旅人も減ってしまった。しかしその分、現在は静かな山歩きを楽しめるハイキングの穴場となっている。

			5
1		4	
			6
2	3		7

1／細田屋は趣ある店構え　2／名物のなめこ汁（400円）と、酒のつまみにもなるおでん（650円）　3／箸で持ち上がるほど粘りが強いとろろが添えられた冷やしとろろそば（1000円）　4／城山茶屋の超巨大かき氷（500円）は高さ30cm超え！　5／奥高尾ではみそ仕立てのなめこ汁が多いなか、城山茶屋のなめこ汁（300円）はしょう油仕立て　6／春美茶屋の水団（300円）はもちもち食感　7／隣接して立つ2軒の茶屋の間が都県境

もみじ台・小仏城山の茶屋

喧騒を避けるなら細田屋へ

にぎやかな高尾山を後にし、やってきた奥高尾は、陣馬山まで縦走する間、経由するポイント地点にそれぞれ個性的な茶屋がある。茶屋の名物料理をお目当てに、または、茶屋のご主人に会うのを目的に歩いていく、という登山者も少なくない。すべての茶屋を制覇してみたくなるほど、魅力的な茶屋が続くのだ。

たとえば、もみじ台の細田屋。秋には休憩中の頭上を鮮やかな紅葉が彩るこの茶屋の名物料理は、なめこ汁である。あまり街ではお目にかからないような大ぶりのなめこがふんだんに入り、鼻に抜ける三つ葉の香りが効いている。肌寒い秋に、あつあつのなめこ汁を持参したおにぎりとともに食べることができ、ほとんどのお客さんが頼んでいる。富士山を眺める特等席でいただこう。

冬までに行きたい春美茶屋

もみじ台のお次は小仏城山。山頂に仲良くぴったり並んで2軒の茶屋が立つ。実はこの2軒、くっついているのには理由があり、ふたつの建物が接するラインが都県境なのだそうだ。高尾山から歩いてきたとき、向かって右側の春美茶屋は東京都、左側の城山茶屋は神奈川県の茶屋となる。

いずれの茶屋も土日しか開いておらず、春美茶屋にいたっては春から秋にかけての期間営業だ。

春美茶屋の名物はというと、秋だけの、それも限定25食だけの水団。大根、ごぼう、にんじんなどの根菜と油揚げ、もちもちとした団子がお椀からあふれんばかりに盛られている。汗をかいた体にちょうどよい塩加減だ。

データの見方

❶ 営業期間
❷ 営業時間
❸ 定休日
❹ 問合せ先

＊データは2021年2月現在。
　価格は税込

1　　　2,3

昭和初期から続く
城山茶屋

　また、神奈川県側の城山茶屋は、昭和初期に、登山者に一杯のお茶を出し、労をねぎらっていたのが始まりだという、歴史背景がとても興味深い茶屋。現在のご主人は4代目であり、ご家族で協力しながら経営されている。しばし仕事を拝見していると、息の合った動きと会話で、気持ちよく登山者をもてなしていた。なるほど、この茶屋のファンが多いのもうなずける。

　また、ゴールデンウィークから9月末まで販売する、高さ約30cmもある超巨大かき氷は、小仏城山の代名詞といえるほど有名だ。その名も「城山盛り」で、この迫力を求めて長い行列ができ、多いときは1日に500杯も出るという。ご主人は、かき氷器の前から一歩も離れられず、機械を回しっぱなしになるそうだ。

1

もみじ台
細田屋

高尾山山頂から約10分で着く細田屋は、登山道よりも少し奥まったところに座席があるので、静かに休憩したい人におすすめ。座った視線の先に富士山を眺めるように視界が開けている。各種そばやおでん、冷やっこなど、メニューが豊富にある。

❶　通年
❷　10時〜15時頃
❸　不定休、1・2月の月〜金曜
❹　☎042-659-2646

2

小仏城山
春美茶屋

水団をはじめ、カレーライスや心太、ぜんざいなど、ほかの茶屋にはあまりないメニューが多い春美茶屋。夏には城山茶屋同様、巨大かき氷を販売するため、2列の大行列ができる。晩秋から冬は休業するので注意を。

❶　4月上旬〜12月第3日曜日
❷　9時〜15時頃
❸　月〜金曜、悪天候時
❹　☎090-9979-1362

3

小仏城山
城山茶屋

城山茶屋はなめこ汁も名物。なめことともに、裏高尾の人気店「峰尾豆腐店」の豆腐と、豆腐店の敷地内から採取する高尾の地下水を使い、だしを利かせたしょう油で仕立てる。ドリップコーヒーもこの地下水を使用。

❶　通年
❷　9時〜16時頃
❸　春と秋の行楽シーズンと夏休みを除く月〜金曜、悪天候時
❹　☎042-665-4933

1	3
2	
4	6
5	

1／味のある手ぬぐいがのれん代わり　2／赤、白、スパークリングがそろう、充実のハーフボトルワイン（600円〜）　3／福島県いわき市の大ぶりなめこを使ったなめこうどん（600円）は白味噌仕立て　4／麺が見えないほど大量のなめこで埋めつくされているなめこそば（600円）　5／てきぱきと天ぷらを揚げる男前のご主人　6／ここでしか味わえない山菜天ぷら（400円）。ハートにかたどったハヤトウリがキュート

	8
7	
	9
	11
10	
	12

7／手間暇かけられたみそ田楽（350円）には、秋はユズ、夏はサンショウが添えられる　8／山頂から奥多摩方面を望むと、真下に見える信玄茶屋に吸い込まれそうだ　9／手作り味噌の味を堪能できるみそ汁（300円）　10／食べ応えあるさつま揚げがのった陣馬うどん（700円）。そばもある　11／どんぶりで供されるけんちん汁（600円）も人気　12／陣馬山の麓、藤野市はユズが特産品のため、各種ユズ商品が豊富

景信山・陣馬山の茶屋

山菜天ぷらはハズせない

　山頂一帯に多くのテーブルと椅子が並ぶ景信山には2軒の茶屋がある。三角点の隣に店を構えるのが三角点かげ信小屋で、高尾山から向かうと手前に立つのが景信茶屋青木。

　どちらの茶屋でも出される山菜天ぷらは、景信山に来たならぜひとも食したい一品である。茶屋のご主人が麓で採った山菜を、山の上でひとつひとつ揚げてくれるのだ。素材は季節によって違い、秋に訪れたときはタラの葉やキクイモなどの野草のほか、肉厚のしいたけやハヤトウリが入っていた。独特のほろ苦さがクセになる。

　また、なめこそば、なめこうどんもあり、たっぷりのなめこの上に刻んだユズをのせるのが景信流。香り高い、上品な味わいとなっている。

広い山頂一帯は茶屋ものびのび

　山頂部が広く平坦で、陣馬高原とも呼ばれる陣馬山に立つ茶屋は、いずれも開放的なつくりで山によく似合う。信玄茶屋は、毎年冬になると味噌を仕込み、2年間熟成させているとあって、それを使った料理が名物だ。手作り味噌を甘辛く調え、こんにゃくにたっぷりとかけたみそ田楽は実においしく、あっという間にひと皿平らげてしまう。また、味噌本来の味を堪能するみそ汁は、少し甘みを感じるふくよかな味だ。

　また、清水茶屋は、富士山を望む開放的なテラス席が特徴。人気メニューは陣馬うどんで、さつま揚げやなると、タケノコ、山菜など、山の上とは思えないほど具だくさん。満腹になること間違いなしだ。

データの見方

❶ 営業期間
❷ 営業時間
❸ 定休日
❹ 問合せ先

＊データは2021年2月現在。
価格は税込

1

景信山

三角点かげ信小屋

山頂標識の隣にある三角点にちなんだ茶屋
は、アットホームでのんびりとした雰囲気。にこ
にこほがらかな奥様が印象的。

❶ 通年
❷ 9時〜15時頃
❸ 月〜金曜、悪天候時
❹ ☎042-661-2057

2

景信山

景信茶屋 青木

高尾山から向かうと、手前に立つのがこちら。
常連さんが多く、楽しそうな笑い声であふれる。
4頭の看板犬が迎えてくれる。

❶ 通年
❷ 10時〜16時頃
❸ 月〜金曜、悪天候時
❹ ☎042-661-2038

3

陣馬山

信玄茶屋

ルートや下山後の温泉など、登山の相談に乗
ってくれる、心強い茶屋。高原の岩清水を使
って一杯ずつ淹れるコーヒーも人気。

❶ 3月上旬〜1月中旬
❷ 9時〜16時頃
❸ 月〜金曜、悪天候時
❹ ☎042-687-2235

4

陣馬山

清水茶屋

奥高尾で唯一、平日も通年で営業している。
斜面からせり出すように立ち、まるで空中にい
るかのように思えるテラス席が圧巻。

❶ 通年
❷ 9時〜16時頃
❸ 悪天候時
❹ ☎042-687-2155

1

2	3
4	5

1／敵の侵入を遅らせるために山を削った堀切は、山城ならではの遺構。ここは「駒冷やし」という名で、風がよく通るから馬を休ませていたため、との説がある　2／御主殿跡につながる曳橋。当時は、この場所に敵が向かってきた際に壊して侵入を阻止する橋があった　3／復元された石垣には築城当時の石も含む　4／祠と石碑がある本丸跡は思いのほか狭い　5／ベンチとテーブルが置かれ、広い平地の松木曲輪（くるわ）

6	
7	8
9	10
	11

6／JRと京王線が乗り入れ、立派な駅舎の高尾駅　7／小田原市オリジナルデザインのマンホール蓋。北条三兄弟のゆかりから八王子市と小田原市が姉妹都市関係にある証　8／日があまり当たらない登山道を進んでいると、突如現われるお地蔵さん　9／ずるずると滑ってしまう土の急斜面が多いので注意を。手がかりのロープがかけられた場所がいくつもある　10／クマザサ茂る熊笹山　11／交通量の多い中央道がこんなに近い

八王子城山

楽しさ2倍の
お城探訪ハイク

　八王子にはかつて、北条氏照が築いた関東屈指の山城「八王子城」があった。その城跡をめぐり、後に北高尾山稜を歩く、欲張りコースを紹介する。

　高尾駅から徒歩50分ほどでガイダンス施設に到着。立ち寄って予備知識をつけておけば楽しさ倍増となる。

　トイレのある広場を左へ行けば御主殿跡へ、右へ行けば鳥居をくぐって登山道のスタートだ。城の面影を感じつつ登っていくと本丸跡に着く。ここが八王子城山。先へ進むと大きな堀切があり、その先には敵に追われたときの最後の砦「詰の城」がある。

急勾配で手強い
北高尾山稜

　この先は富士見台の道標を頼りに進み、急斜面を登ると北高尾山稜縦走路に出る。左へ進み、富士見台を通過すると、次第にクマザサが増えてきて、そのうち地面いっぱいに生い茂るピークに到着する。名前は、見た目とおりの熊笹山。その先、急で滑りやすい登山道を登り下りしながら、摺差への分岐を過ぎてしばらく進むと、赤い帽子のお地蔵さんが立つ地蔵平に到着する。中央道の陸橋をくぐり、住宅街に出たらバス通りを左折し、高尾駅へ戻ろう。

八王子 城 跡ガイダンス施設

開館時間	9時～17時
定休日	無休（12月29日～1月3日は休館）
入館料	無料
問合せ先	☎042-663-2800

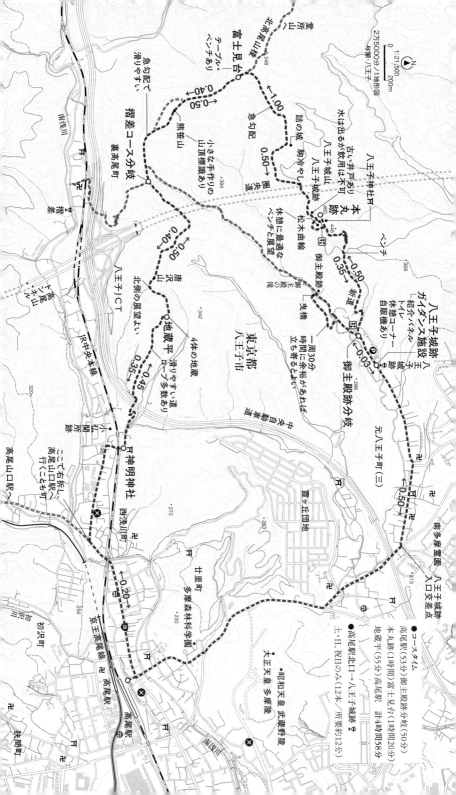

1:21,500

0   200m

2万5000分の1地形図
与瀬・八王子

N

北高尾山稜

堂所山
548

富士見台
ケーブルあり
急勾配で滑りやすい

急勾配

摺差コース分岐
段差

八王子IC

八王子城跡
ガイダンス施設
紹介パネル
トイレ
休憩コーナー
自販機あり

八王子神社
本丸跡
460
445

松木曲輪

御主殿跡

ベンチ

城主跡

新道
0.35→
0.50→
←0.50

水は出るが飲用は不可
古い井戸あり
詰の城
駒冷やし
1.00→

0.50→
熊笹山

394
中央道

一周30分
時間に余裕があれば立ち寄るとよい

御主殿の滝
曳橋

0.03→

0.40→
0.50→

深沢山
394

地蔵平
4体の地蔵
滑りやすい道
ロープ多数あり

0.35→
0.45→

北側の展望よい

342

御主殿跡分岐

286

元八王子町（三）

南浅川

西高尾町
真高尾町

八王子JCT

JR中央本線

小仏関所跡

上高尾
下高尾トンネル

戸神明神社

320

268

東京都
八王子市

中央自動車道

南多摩霊園
八王子城跡
入口支差点

213

高尾駅北口→八王子城跡◎

●コースタイム
本丸跡（1時間）富士見台（1時間20分）
計4時間58分

地蔵平（55分）高尾駅

●高尾駅北口→八王子城跡◎
土・日、祝日のみ（12本／所要約12分）

昭和天皇 武蔵野陵
大正天皇 多摩陵

高尾山口駅へ

0.20→

京王高尾線

西浅川町

小仏川
初沢川
初沢町

京王高尾線

高尾駅

廿里町

多摩森林科学園
230

覆ヶ丘団地
270
263

256

高尾山口駅へ

JR中央本線

高尾駅

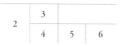

1／コース最大の見どころ、見晴台からの眺め。手前に見えている湖は津久井湖の端っこ　2／木漏れ日が降りそそぎ、気分も晴れやかになる南高尾山稜。秋や冬は日だまりハイクを楽しめる　3／高床式のあずまやがある草戸山山頂。草戸山は町田市の最高峰。364ｍの標高にちなんで、通称「一年山」　4／美しい紅葉はコンピラ山で　5／大垂水峠から小仏城山へ向かう登り口。細い階段なので見落とさないように　6／小仏城山へは杉林に囲まれて緩やかな道が続く

●コースタイム
高尾山口駅(1時間25分)草戸山(1時間35分)
見晴台(1時間)大垂水峠(1時間20分)小仏城山
計5時間20分

景信山へ

日影バス停へ

城山茶屋・春美茶屋(P116)
小仏城山
670
奥高尾縦走路に
合流する

現在通行止め
大平林道
一丁平園地
奥高尾縦走路
もみじ台
高尾山
599

←0.50→
←1.20

杉林のなかの
緩やかな登山道

このルート
現在通行止め
5号路
3号路

1号路

大垂水峠橋
大垂水
大垂水峠

木の階段

●大垂水 🚏→高尾山口駅経由高尾駅前
所要 高尾山口駅は約15分、高尾駅前は約20分
毎日運行3本

案内川
20

←0.25
←0.20

道なりに行くと
直進しそうになるので注意

赤馬分岐
大洞山
536

ベンチ、テーブルあり

294

コンピラ山
515

中沢峠コース

赤馬

206

←0.40→
中沢峠
巻き道

382

中沢山
494
観音像あり

南高尾山稜

見晴台
←0.35

神奈川県
相模原市
緑区

突然、視界が開けて
津久井湖が見える
晴れていれば富士山も見える

山の斜面の
細い道

名手

若柳
176

沼本
ダム

寸沢嵐
512

N
184

1/22,500
0   200m

2万5000分ノ1地形図
与瀬・八王子

沼本

津久井湖

野尻

186

名手
橋

又野
168

蛇滝
バス停へ
蛇滝コース
金比羅台コース
高尾町
高尾駅へ
初沢町
初沢川
294
高尾山トンネル
京王高尾線
302
高乗寺
248
山上駅
1号路
高尾霊園
リフト
不動院
高尾山口駅
山麓駅
高尾山駅
ケーブルカー
0.15
2号路
485
病院裏コース
清滝駅
0.10
四辻
浅川トンネル
290
琵琶滝
359
民家の横の
細い山道を上る
ベンチあり
202
拓殖大学
6号路
381
案内川
×
226
薬王院
稲荷山
1.00
1.10
305
455
稲荷山コース
高尾山IC
東京都
八王子市
ベンチ

高尾山口駅〜梅の木平は
国道20号沿いを徒歩約20分
高尾山口駅からバスあり
（毎日運行3本／所要約4分）

梅の木平
圏央道
高尾山の
十一丁目茶屋が
見える
272

南浅川町
320
343
東側に
有刺鉄線が続く
町田市

1.00
0.50
348
相模原八王子トンネル
草戸峠
中沢川
入沢川
292

0.50
0.40
1.00
0.50
松見平
休憩所
草戸山
564
本沢ダム

関東ふれあいの道（湖のみち）
城山湖

山頂へは
階段を上る
木々の間に
城山湖が見える
352

関東ふれあいの道
泰光寺山
木彫りの
フクロウがある
休憩所
巻き道
0.55
ふれあい休憩所
（あずまやあり）

西山峠
1.00
420
榎窪山
三沢峠

西山広場
ベンチ・テーブル・
ザック掛けがある
264
智

334
三井
中沢

1／西山峠の少し先の、ベンチとテーブルがたくさんある休憩所は「西山広場」と書かれている　2／草戸峠の一列に並んだベンチ。不自然なほど片側にだけ並んでいるのは、座った正面に高尾山を望むから　3／立ち木をうまく利用したザック掛けは上着だってかけられる　4／細かくてリアルな、チェーンソーアートのフクロウが目を楽しませてくれる。こんな高度な技をもつ作者にお会いしてみたいものだ

1	
2	4
3	

5	6
7	8

9

5／ポップな書体の手作り山頂標識　6／絶景広がる見晴台にも手作り看板があり、このコースの別名「湖の道」と表示してある　7／観音像がある中沢山の山頂標識は標高入り　8／この山頂標識はおそらく、6・7と同じ作者によるものだろう　9／コース中に何回も見かける木の枝を利用したザック掛け。大勢で休憩するときには特にありがたい。南高尾は地元の人々の手が入り、愛されている山だと感じる

南高尾山稜縦走

高尾山口駅から草戸山へ

　南高尾山稜の縦走路は、ピークを次々と通過し、始終日当たりがよく、展望所が多い、楽しいコースだ。

　高尾山口駅から高尾山に向かう人たちと別れて甲州街道を渡り、割烹橋本屋と峯尾商店の間を進めば、四辻と草戸峠への道標がある。民家のすぐ横を登っていくため、マナーを必ず守りたい。

　稜線まで登りつめたら、ここが四辻。東高尾山稜コースの中間点で、左は高尾駅まで続くが、今回は右へ。木の根が張り出す箇所もある、やや急な道を登っていくと、ベンチが一列に並ぶ草戸峠に到着。高尾山の姿を望み、薬王院の法螺貝の音が聞こえることもある。さらに進むと草戸山山頂となり、松見平休憩所と山ノ神が祀られた祠がある。

絶景ひろがる見晴台

　この先、30分ほど進んだ場所にもあずまやが立ち、水をたたえた城山湖を眺められる。やがて、道が二手に分かれるので、右の榎窪山方面へ向かい、大きくカーブすれば、南高尾山稜縦走のスタート。

　梅の木平からの道を合わせ、木彫りのフクロウがいる休憩所を過ぎると、階段状に石が置かれた道となり、泰光寺山に着く。その後、西山峠を過ぎて進むと、山の北斜面の細くて暗い道となる。あまりの暗さに少し不安になってくるころ、突如、左手が大きく開け、湖を見下ろし、丹沢山塊を望む絶景が広がるのだ。思わず歓声をあげてしまうだろう。天気がよければ丹沢の大室山の向こうに富士山も見える。

梅の木平から三沢峠、大垂水峠、小仏城山、一丁平、高尾山、高尾山口駅までは、関東の1都6県を結ぶ長距離自然歩道「関東ふれあいの道」の全160コースのうちのひとつ。コース名称は「湖のみち」。

観音様に出会い小仏城山へ

　いつまでも眺めていたい景色に別れを告げ、先の中沢山（なかさわ）では観音像が待っている。さらに、コンピラ山、大洞山（おおぼら）を越えて赤馬（あこうま）分岐までたどり着けば、南高尾山稜縦走は終了。大垂水峠（おおたるみ）へ向かってぐんぐん下り、大垂水峠橋という歩道橋を渡って車道へ下りる。

　この峠にはバス停があり、高尾山口、高尾、相模湖の各駅に行けるので登山を終了してもよいが、ここでは、小仏城山（こぼとけしろやま）へ登り返す充実コースを紹介したい。

　車道脇を100mほど進み、右手にある階段を上る。登り始めこそやや急だが、やがて緩やかで歩きやすい、杉林の中を軽快に進んでいくようになる。ベンチの先で大平林道からの道を合わせ、もうひと登りすれば、奥高尾縦走路に合流。急に人が増えて戸惑ってしまうが、左へ行けば小仏城山に到着だ。

皆に愛される南高尾

　さてこのコース、歩いていると、心がほっこりすることがたびたびある。

　それは随所に設置された、手作り感たっぷりのベンチやテーブル、ザック掛けだ。枝の形をうまく利用した、味のあるザック掛けは、強度だって充分あり、便利である。

　また、榎窪山と泰光寺山の間にある休憩所には、驚くほど精巧な木彫りのフクロウがいる。これはチェーンソーアートで、よく見ると自生した木に彫られている。つまり、運んできて置いたのではなく、この場で作成したもののようだ。背面にはワシが彫られている。

135

4 章

1 ——

琵琶家・別館 清流亭
大えび天
とろざる

—— 2

むぎとろ つたや
ざるとろろそば

3
橋詰亭
天とろろそば

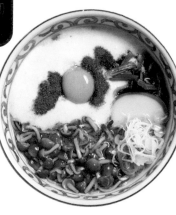

4 ——

飯島屋
なめことろろそば

5 ——

髙尾山 髙橋家
とろろそば

高尾山の麓を歩く

6 ——
紅葉屋本店
とろろそば

7 ——
高松屋
山菜とろろそば

8 ——
日光屋
とろろ芋の
天ぷらそば

—— 9
割烹 橋本屋
冷やし天とろそば

高尾のとろろそば

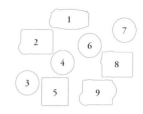

データの見方　　❶ 営業時間
　　　　　　　　❷ 定休日
　　　　　　　　❸ 問合せ先

＊データは2021年2月現在。
価格は税込

1

大えび天とろざる
琵琶家・別館 清流亭

香り豊かな十割そば。サクサク衣の大えび天ぷらと、とろろとともに味わう。十割そば粉対応の瞬間製麺機で作り、わずか10秒でゆでる。コシの強さとツヤが特徴。1300円

❶ 11時〜19時（季節により変動あり）
❷ 火曜
❸ ☎042-661-0053

2

ざるとろろそば
むぎとろ つたや

本枯節と、2週間寝かせて塩角が取れたかえしを合わせた、関東系の濃いめのそばつゆ。いずれも国産のそば粉7割と小麦粉3割で打ったそばが、とろろ入りのつゆによく絡む。1000円

❶ 11時〜17時
❷ 月曜（祝日の場合は翌日）
❸ ☎042-661-2427

3

天とろろそば
橋詰亭

とろろに卵の白身を混ぜ、ふわふわの食感に仕上げたそば。食べるときに黄身を混ぜることでさらにマイルドに。揚げたての天ぷらとほうれんそうの甘みが味に変化をつける。1200円

❶ 11時〜16時
❷ 金曜
❸ ☎042-661-8420

4

なめことろろそば
飯島屋

時期ごとにいちばんおいしい産地の山芋を仕入れ、すりおろしたとろろに卵の白身を加えて食べやすいようにのばしている。なめことろろのコンビは特に女性に人気。1000円

❶ 11時〜16時
❷ 金曜、悪天候時
❸ ☎042-661-5960

5

とろろそば
高尾山 高橋家

そば粉を6割、山芋と上新粉を4割で混ぜて練りあげたそば。とろろが別盛りのため、タイミングと量を好みで計れる。とろろには、プチプチ食感が楽しいとんぶり入り。1000円

❶ 10時〜18時
❷ 不定休
❸ ☎042-661-0010

6

とろろそば
紅葉屋本店

千葉県産の粘りの強い山芋を贅沢に、芯の部分だけすりおろしてそばにのせている。真っ白なとろろが特徴で山芋の風味が濃い。細めの麺はのど越しがよく、するっと入る。1050円

❶ 10時〜16時
❷ 火曜、悪天候時
❸ ☎042-661-2012

7

山菜とろろそば
高松屋

少しのだし汁でのばしたとろろと、そばつゆで煮込んだ山菜をのせたそば。山菜はどれも大ぶりで、しっかりと味が染みている。そばは手打ち。コシがあり、食感を楽しめる。1091円

1️⃣ 11時～16時
2️⃣ 金曜、悪天候時
3️⃣ ☎非公開

8

とろろ芋の天ぷらそば
日光屋

山芋を短冊切りにして海苔で巻き、天ぷらにしているのは、数あるそば店のなかでもここだけ。シャキシャキとして、やわらかめのそばとの食感の違いが味わい深い。880円

1️⃣ 9時～16時30分
2️⃣ 水曜
3️⃣ ☎042-663-9008

9

冷やし天とろそば
割烹 橋本屋

北海道産の石臼挽きのそば粉を8割使った二八そばは自家製で数量限定。とろろは国産の山芋をすりおろし、割烹料理店ならではのだしの効いたそばつゆと合わせている。1650円

1️⃣ 11時30分～20時（なくなり次第終了）
2️⃣ 不定休
3️⃣ ☎042-661-0032

なぜとろろそばなのか？

薬王院に向かう行者に、手早く精のつくものとして、とろろそばを振る舞っていたのが始まりで、今でも多くの店が残る。

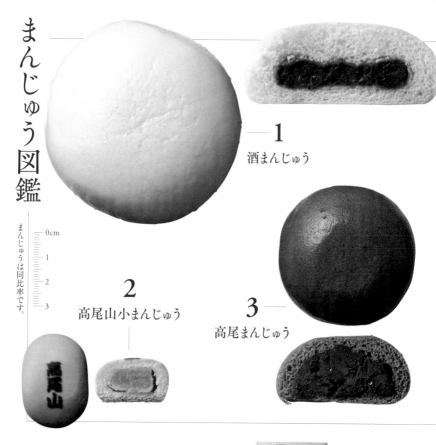

まんじゅう図鑑

まんじゅうは同比率です。

0cm
1
2
3

1 酒まんじゅう

2 高尾山小まんじゅう

3 高尾まんじゅう

7 天狗さまの へそのゴマ

8 天狗の鼻くそ

9 天狗の ゲジゲジまゆげ

10 天狗カレー

11 高尾ビール

お土産

140

4
天狗黒豆まんじゅう

6
大杉まんじゅう

5
カステラ饅頭

高尾山

スイーツ

12
焼き団子

14
八王子
ジェラート

13
焼栗

15
ソフトクリーム

TRIANGOLO

まんじゅう
お土産
スイーツ

データの見方

❶ 営業時間
❷ 定休日
❸ 問合せ先
＊データは2021年
　2月現在。
　価格は税込

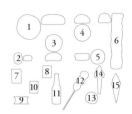

1

酒まんじゅう
千代乃家

生地に麹を混ぜて発酵させた、ふわふわの酒まんじゅうは高尾の名物。140円

❶ 10時〜17時
❷ 不定休
❸ ☎042-661-4118

2

高尾山小まんじゅう
島田土産店

かわいい一口サイズ。クッキーのような生地で、中は白あん。20個箱入り540円

❶ 10時〜17時
❷ 不定休
❸ ☎042-661-7861

3

高尾まんじゅう
有喜堂本店 工場店

老舗和菓子店の正統派まんじゅう。しっとりとした甘めのつぶあん。こしあんもある。110円

❶ 9時〜17時
❷ 無休
❸ ☎042-661-0048

4

天狗黒豆まんじゅう
楓Kaede

カリッとした食感の揚げまんじゅうで、黒糖のコクと粒を感じる黒豆のあんこ。110円

❶ 9時〜17時
❷ 無休
❸ ☎非公開

5

カステラ饅頭
琴清屋

カステラ風の生地で甘さ控えめのこしあんを包んでいる。12個箱入り650円

❶ 10時〜17時
❷ 不定休
❸ ☎042-661-6137

6

大杉まんじゅう
有喜堂本店 工場店

杉をイメージした棒状のまんじゅう。端まであんこが詰まり、トッピングはクルミ。320円

❶ 9時〜17時
❷ 無休
❸ ☎042-661-0048

7

天狗さまのへそのゴマ
滝美屋

北海道産の上質な黒豆と砂糖で作った甘納豆。この店だけのオリジナル。600円

❶ 10時〜17時
❷ 不定休
❸ ☎042-661-0229

8

天狗の鼻くそ
小宮商店

ユニークな名前の菓子。ピーナッツを包んだクラッカーにココアパウダーをまぶしてある。380円

❶ 9時〜17時
❷ 不定休
❸ ☎042-661-5368

9

天狗のゲジゲジまゆげ
たかはし

中心部にもチョコを挟み、ツイストした、まゆげサイズのチョコクッキー。380円

❶ 10時〜17時
❷ 不定休
❸ ☎042-661-6137

10

天狗カレー
末広亭

馬肉と鹿肉を煮込んだレトルトカレー。玉ねぎとにんじんも溶け込んでいる。中辛味。570円

❶ 10時30分〜17時
❷ 不定休
❸ ☎042-661-2654

11

高尾ビール
四季の桜

高尾で醸造しているクラフトビール。苦味が少なく、華やかな香りのペールエール。660円

❶ 10時〜17時
❷ 不定休
❸ ☎042-663-6808

12

焼き団子
楓Kaede 店頭

しょう油を塗り、炭火で焼いた団子。香ばしさと、もちもち感がいい。店頭でのみ販売。350円

❶ 原則土・日、祝日の9時〜17時
❸ ☎非公開

13

焼栗
紅葉屋本店

ねっとりとした濃厚な甘みの大粒焼栗は、秋だけの楽しみ。小サイズ（5〜6個入り）540円

❶ 10時〜16時
　（10月中旬〜11月下旬のみ）
❷ 火曜、悪天候時
❸ ☎042-661-2012

14

八王子ジェラート
FuMotoYA

八王子産の果物などを素材にしたジェラート。数種類のフレーバーがある。500円〜

❶ 11時〜16時30分
　（土・日、祝日は10時30分〜）
❷ 無休
❸ ☎042-667-7568

15

ソフトクリーム
四季の桜

ミルク感たっぷりのバニラとビターなベルギーチョコの2つの味を楽しめるミックス。370円

❶ 10時〜17時
❷ 不定休
❸ ☎042-663-6808

1／天然記念物である高尾山のスギ並木（P31参照）にちなんで、杉材をふんだんに使った駅舎。駅前は広い空間があり、待ち合わせをしやすい　2／高尾山口観光案内所では、対面で登山コースをはじめ、八王子市内のイベントや見どころなどの各案内をしてもらえる。英語対応も可能　3／おにぎりやパンのほか登山用品も扱う改札前の売店、楓Kaedeでは、オリジナルデザインの商品もある　4／駅隣にある京王高尾山温泉極楽湯の泉質は、美肌の湯といわれるアルカリ性単純温泉。露天岩風呂は開放感バツグン

高尾山口駅
周辺案内

❶ 営業時間
❷ 定休日
❸ 問合せ先

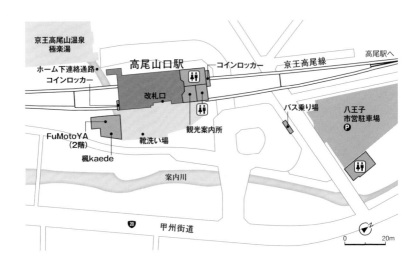

京王高尾山温泉
極楽湯

高尾山口駅　　コインロッカー　京王高尾線　　　高尾駅へ

ホーム下連絡通路・
コインロッカー

改札口

バス乗り場

八王子
市営駐車場

FuMotoYA
(2階)　　　靴洗い場　　観光案内所

楓kaede

案内川

甲州街道

0　　　　20m

運行バス

Ⓐ 京王八王子駅行き（京王バス）
Ⓑ 高尾駅北口行き（京王バス）
Ⓒ 相模湖駅行き（神奈中バス）
Ⓓ 八王子駅北口行き（神奈中バス）
京王バス ☎042-352-3713
神奈中バス西・津久井営業所 ☎042-784-0661

八王子市営高尾山麓駐車場

収容台数：80台
駐車料金：8時〜17時　30分150円
　　　　　17時〜8時　60分150円
　　　　　入庫後12時間までの最大料金
　　　　　平日800円
　　　　　土・日、祝日1000円
　　　　　（5月、11月は全日最大1000円）
　　　　　☎042-661-0308（現地）

高尾山口観光案内所

改札を出てすぐ左に観光案内所がある。愛称は、むささびハウス。高尾山山頂までの主要7コースを記したポケットマップと最新の登山道情報を入手可能。八王子市内各地域の観光案内もあり、八王子の名産品も販売している。

❶ 8時〜17時（12〜3月は16時まで）
❷ なし
❸ ☎042-673-3461

楓Kaede

改札前にある便利な売店。おにぎりをはじめ、弁当やパン、行動食となる菓子類、土産物などを販売している。特にありがたいのは登山用品。帽子や手袋、雨具などが販売され、忘れ物をしたとき、非常に助かる。

❶ 9時～17時
❷ なし
❸ ☎非公開

トイレ

駅構内の女性トイレは13個室で回転がよい。観光案内所の隣にもトイレがあるが、16時閉鎖なので注意を。穴場は市営駐車場横のトイレ。

バス乗り場

駅前にバス乗り場があり、4路線のバスに乗車可。南高尾山稜縦走では相模湖駅行きを利用し、大垂水バス停で下車する。ただし、1日3本のため注意を（毎日運行、時間要確認）。

コインロッカー

線路下のコインロッカーは標準・中・大の3サイズで1日400円～。極楽湯への連絡通路にはPASMO対応の標準・中の2サイズで1日500円～。

靴洗い場

改札前に靴洗い場がある。靴底の溝に入り込んだ泥を備え付けのブラシでかき出し、きれいになって帰路へつける。電車内も汚れない。

京王高尾山温泉 極楽湯

下山後にちょうどよい駅隣の温泉施設。地下約1000mから湧き出る天然温泉の露天岩風呂のほか、檜風呂や炭酸石張り風呂、座り湯、サウナがそろう。メニュー豊富な食事処があるのも利点。ボディケアとフットケアを受けられるほぐし処があり、至福の時間を過ごせる。入館料は大人が平日1000円、土・日、祝日は1200円（いずれも税込）。

❶ 8時～23時
❷ なし
❸ ☎042-663-4126

1

1／緑の芝生がまぶしい高尾599ミュージアム　2／飛んでいるムササビの剥製は珍しい　3／壁面には高尾の豊かな自然を象徴するブナの木の周りに、ここに棲む動物や鳥たちの剥製を配している。1時間に1回、高尾の自然を紹介する映像をプロジェクションマッピングで投影する　4／草花の繊細なディテールを確かめられるアクリル標本　5／多摩産材を使った定規（各400円）やしおり（2枚セット900円）などのオリジナルグッズも販売

2	3
4	5

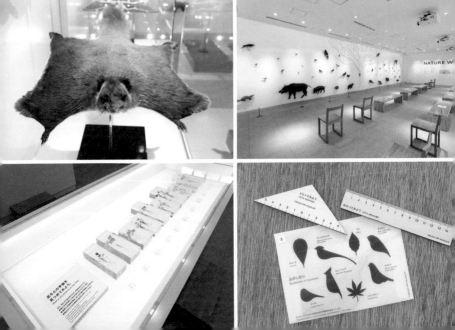

6	7
8	9

10

6／宿泊者に限らず誰でも気軽に利用できるカフェ＆バーは手の込んだフードメニューがそろい、クラフトビールを含む複数の生ビールや各種スイーツがある。写真は人気が高いフライドポテトチーズまみれ（660円）　7／派手すぎず、センスのいいエントランス　8／風を感じるテラス席が心地よい　9／山小屋風の機能的で清潔な宿泊施設（1人1泊3850円〜）　10／カフェ＆バーと1階のコンコースは広々とした空間で、気持ちよく使える

ぶらりルート20

Part. 1

便利で楽しい
新名所をめぐる

高尾山の麓に通る、国道20号の甲州街道沿いには、独創的な名所が続々とオープンしている。

緑の美しい芝生と瀟洒な白い建物が、いかにも洗練された空間を象徴しているのは「高尾599ミュージアム」。高尾山に棲む動物や鳥類の剥製をはじめ、多種多様の昆虫標本、美しさをそのまま封じ込めた花や野草のアクリル標本が並ぶ。他に類を見ない、豊かな生態系をもつ高尾の自然環境を実感できるミュージアムだ。

また、"街と山の接点"をコンセプトに2019（令和元）年秋にオープンしたのは「Mt.TAKAO BASE CAMP」。ドミトリー中心の宿泊施設をはじめ、宿泊者以外でも利用できるカフェ&バー、登山後に汗を流せるシャワールームを備えている。欲しいものがそろった登山拠点だ。

データの見方　❶ 営業時間
　　　　　　　　❷ 定休日
　　　　　　　　❸ 問合せ先
＊データは2021年2月現在。
　価格は税込

1
高尾599ミュージアム

工夫を凝らした展示方法で、高尾の自然を楽しみながら学べる施設。草花のアクリル標本と多彩な昆虫標本が、16台もの展示台で並べられている。学芸員が常駐しているので、より詳しい話を聞くことも可能だ。入り口には最新の登山情報が展示されている。館内は多摩産材のテーブルと椅子が並び、コーヒーや軽食、スイーツを味わえるカフェも併設。フリーの休憩スペースもあり、こちらでも飲食可能。入館料は無料。

❶ 8時〜17時（12〜3月は16時まで）
❷ 無休
❸ ☎042-665-6688

2
Mt.TAKAO BASE CAMP

宿泊施設がまったくなかった高尾山口駅周辺にできた待望の施設。リーズナブルなドミトリーのほか、水回りを備えたファミリールームもある。日帰り利用できるシャワールームと、コインロッカーは特にトレイルランナーに重宝されている。また、各ガイドが企画・運営するトレイルランや沢登り、地図読みなどの講習会やイベントを多数発信。ここをベースにした、山に関する参加型コミュニティをつくっている。

❶ カフェ＆バー、シャワー＆ロッカーともに8時〜18時（土・日、祝日は6時30分〜）
❷ 無休
❸ ☎042-673-7707

1／今にも深い谷に落ちてしまいそう　2／高尾ならではの天狗のトリックアート。右側の人物が巨大化する　3／大胆にも、スフィンクスの口にぶらさがることもできる!?　4／一杯ずつ、丁寧にハンドドリップ。手前のカウンターは古民家の梁を利用　5／ソフトクリームもコーヒー味を選びたい（500円）。クルミとキャラメルのハーモニーを味わえる焼き菓子はガトー・オ・ノア（200円）　6／シックな調度品でまとめられた店内

7	8
9	10

11

7／ピザのメニューは多く、変更もあるが8種類前後そろう。手前はねぎ味噌（800円）、奥はトマトたっぷり（980円）　8／オーナーの友人による手作りケーキも人気。写真はキャラメルバナナタルト（480円）　9／店内にはきれいな蝶の標本が飾られ、蝶をモチーフにしたアクセサリーが並ぶ　10／通りから坂を上った先にある入り口　11／天ぷらがたくさん添えられた、八王子野菜の天せいろ（1920円）がいちばん人気

ぶらりルート20

Part. 2

おどろきと笑いの連続

　高尾山口駅に降り立つと、ひときわ目を引く建物がある。入ったことはなくても存在を知っている、という方も多いだろう「トリックアート美術館」は、目の錯覚を利用しておもしろい写真が撮れるスポットだ。平面の絵が、見る角度によって立体的に浮き上がり、現実ではありえない、おどろきの世界に入り込んでしまう。

　テーマはエジプトの遺跡やファラオの自然公園などで、常設展示作品数は200点以上。一組ごとに見学方法を説明してくれるので、だれでも戸惑うことなく、最大限に楽しめる。

おいしさめじろ押し

　ルート20沿いには、食にこだわる店も増えてきた。2019（令和元）年7月にオープンしたのは「TAKAO COFFEE」。扉を開けた途端、コーヒーのよい香りに包まれる。注文を受けてから豆を挽き、一杯ずつハンドドリップするコーヒーがうれしい。毎日お店で作るケーキや、レベルの高い焼き菓子も並び、ハイキング後のご褒美にと、訪れる人も多いとか。

　また、トリックアート美術館の2軒隣にあるのは「カフェ マリポーサ」。マリポーサとは、スペイン語で蝶を意味し、店長は蝶に造詣が深い。名物はクリスピーな食感のピザで、地元の野菜を使っている。

　さらには、少し足を延ばしてでも訪れたいのが、雰囲気満点の「蕎麦と杜々」。平屋造りの民家を改装し、大きな窓から日が差し込む店だ。ご主人が毎朝打っている、細めでのど越しのよい、そば粉9割のそばが絶品。

データの見方

❶ 営業時間
❷ 定休日
❸ 問合せ先

＊データは2021年2月現在。
価格は税込

1

トリックアート美術館

不思議の迷宮に入り込む美術館。特にファミリーやカップルに人気が高く、いたるところで歓声と笑い声が聞こえる。入館料は大人1330円。

❶ 10時～18時
❷ 木曜
❸ ☎042-661-2333

2

TAKAO COFFEE

店で焙煎した豆をオリジナルでブレンドし、注文を受けてから挽く、ひと味違うコーヒーを味わえる。一面ガラス張りで開放的。

❶ 10時～18時
❷ 無休
❸ ☎042-662-1030

3

カフェ マリポーサ

大きな看板が目印のカフェは蝶を愛する店長とオーナーが迎えてくれる。庭にアサギマダラが訪れることもあるそうだ。

❶ 11時～17時
❷ 火・水曜
❸ ☎080-4372-2374

4

蕎麦と杜々

季節限定メニューもある、こだわりの手打ちそば店。高尾山口駅から15分ほど歩くからこその、静かで心地よい空間。

❶ 11時～15時
❷ 火曜
❸ ☎042-673-5592

		1
2	3	
4	5	

1／古民家の歴史を語る柱をそのまま残したカフェ。座り心地のよいソファ席は早い者勝ち　2／遊具を自由に使えるガーデンは子どもも大人も大喜び　3／インドカレーをベースに、日本人の口に合うようアレンジしたバターチキンカレー（1265円）が絶品　4／店主厳選の日本酒は常時20銘柄そろい、希少な銘柄もある（グラス480円〜）　5／さつまあげ（400円）やまぐろぶつ切り（680円）など、一品料理が豊富

6／白とベージュのナチュラルテイストの内観。山好きのご主人が営むカフェは、壁に大きな地図が飾られている　7／鹿肉と八王子野菜を2時間かけてじっくり煮込んだ鹿肉ボロネーゼ（1000円）　8／厳選した大豆と高尾の地下水で丹精込めて手作りした豆腐（140円）はいかにもおいしそう　9／軽い味わいのおからドーナツ（5個350円）は、知る人ぞ知る人気商品　10／店内で焙煎済みのコーヒー豆も販売　11／ほとんどのお客さんが頼むのは、その日の気候に合わせて飲みやすい豆を選んだ本日のコーヒー（350円）

6	7
	8
	9
10	11

高尾駅周辺＆裏高尾

にぎやかな
高尾駅周辺

蛇滝コースやいろはの森コースで登山する際に、出発地となるのが高尾駅。京王線とJR中央本線が乗り入れているため乗降客が多く、にぎやかだ。駅周辺に飲食店が点在するなか、選りすぐってご紹介するのはこの2店。

ひとつは、スパイスが効いた本格カレーをはじめとした、手の込んだ料理を味わえる「TOUMAI（トゥーマイ）」。古民家をオーナー自ら3年かけて改装した重厚なつくりで、外には芝生のガーデンが広がる。このカフェにいると、時間の流れが違うような気がする。

もう一店は、日本酒のラインナップが充実した食事処「かずき」で、料理メニューの種類が驚くほど多い。焼き物、揚げ物、煮物など40種以上ある一品料理はご飯とセットにすることもでき、丼ものや麺類もある。

ツウ好みの
裏高尾

勝手なイメージだが、高尾に"裏"という一文字が付くと、秘密めいた特別なエリアに思える。そして、それはあながち間違いでもなく、裏高尾には、何度も訪れたくなる、こだわりの強い店が点在しているのだ。

鹿肉を食べやすく料理して出す「山籟」では、鹿肉のイメージをくつがえす味と栄養価に気づかされ、環境問題まで触れることができる。また、高尾の名産品であり、多くの飲食店で使われている豆腐を製造するのは「峰尾豆腐店」。その場で、出来たての豆腐を味わうことができ、その先の喫茶店「ふじだな」では、自家焙煎で豆のいちばんおいしい味を引き出したコーヒーをいただける。どの店も魅力的だ。

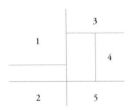

データの見方

1 営業時間
2 定休日
3 問合せ先
＊データは2021年2月現在。
　価格は税込

1

TOUMAI

高尾駅南口から徒歩約12分にある古民家カフェ。カレーやドリア、オリジナルスイーツが食べられる。お客さんの半分がリピーターだというからその味は保証付き。

1 11時30分〜15時、17時〜21時（土・日、祝日は11時30分〜21時）
2 月曜
3 ☎042-667-1424

3

山簌

店名の山簌とは、山風が樹木を吹き騒がす音のこと。食害が問題のシカを駆除しなければならないなら、その命をおいしくいただくべき、との思いから鹿肉を提供している。

1 11時〜15時
2 火・水曜
3 ☎042-673-7421
　※蛇滝口バス停下車1分

5

ふじだな

週に一度、生豆を自家焙煎しているこだわりの喫茶店。砂糖やミルクを入れなくても何杯でも飲める、胃に負担が少ないコーヒーが特徴。下山後に寄る人も多い。

1 10時〜17時
2 火・水・木曜
3 ☎042-661-0798
　※裏高尾バス停下車1分

2

かずき

店内は広く、テーブル席と座敷席があり、下山後にくつろぐのにぴったりの店。料理と酒の種類が多いので、誰でも安心して訪れることができる。家庭的な味が好評。

1 11時30分〜14時、17時〜22時（土・日、祝日は11時30分〜21時30分）
2 火曜
3 ☎042-663-6302

4

峰尾豆腐店

平日でも続々と買い物客が訪れる豆腐店。おいしさの秘訣は敷地内で汲み上げる高尾の地下水を使っているから。駐車場脇に、テーブルと椅子が用意されているのがいい。

1 8時〜17時
2 木曜
3 ☎042-666-0440
　※摺差バス停下車すぐ

※高尾駅北口より発車する京王バス「小仏行き」の最寄りバス停名

5 章

高尾山の歴史と信仰

高尾山の歴史 1
中世

◁ P160-161
1827（文政10）年に成
立した高尾山の紀行文
『高尾山石老山記』
（国立公文書館所蔵）

**先史時代の
高尾山**

　古くから神仏がすむ山として信仰を集めてきた高尾山だが、いつごろからその名で呼ばれるようになったのかは定かではない。一説によると、聖山として崇められていた富士山に連なる山々の尻尾にあたるので高尾山と名がついたともいわれている。

　高尾山と人間との関わりは、約8000年前の縄文早期までさかのぼる。裏高尾の荒井にある遺跡からは、イノシシやシカなどの狩猟のために作った落とし穴と、住民たちの集落の跡が発見されている。

**行基が
高尾山を開山**

　高尾山が文献に初めて登場するのは奈良時代のこと。当時は、天然痘が大流行したため、為政者であった聖武天皇は、仏教の力で社会不安を鎮めようと、全国に寺院を建立することを計画する。その勅命を受けた行基が、744（天平16）年に薬師如来（P46参照）を高尾山に安置し、薬王院を開山したといわれている。薬王院の名前の由来も、病気を平癒し、身心の健康を守る仏として信仰されている薬師如来にちなんでいる。おそらく、関東に数ある山のなかでも、高尾山に寺院を設置しようと思ったのは、高尾山が以前から自然信仰の聖域とされていたのではと考えられる。

　行基は、仏教の教えを説くだけでなく、農業用の灌漑施設や川に橋を架けるなどの社会事業も積極的に行なった。そして、このような仏教の普及と社会貢献が認められ、高尾山開山の翌年、仏教界で最高位といわれる大僧正となったのであった。

＊護摩行供秘法／断食などをしながら護摩木を焚き、人々の煩悩を焼き尽くそうとする荒行

俊源大徳が
中興の祖

　行基によって開山された高尾山薬王院は、その後は荒廃してしまった。しかし、永和年間（1375～79）に高尾山に入山し、荘厳な寺院に修復したのが、京都醍醐寺の高僧・俊源大徳だった。この当時、醍醐寺は関東の拠点となる寺院に僧侶を派遣していた。俊源もさらなる修験道修行の地を探して、京都から高尾山にやってきたのだった。

飯縄大権現を
感得

　毎日深山で独り修行に励む俊源。ある日、彼は難行といわれる十万枚（八千枚という説もある）の＊護摩行供秘法を行ない、疲れ果てて寝てしまった。すると夢に人の顔をしながら鳥のようなクチバシを持ち、手に剣を握り白狐にまたがった異形の者が現われた。そして、「私は不動明王の化身である飯縄神である。私のことを祀りなさい」と俊源に告げたという。

　夢からさめた俊源は、飯縄神の姿を彫刻にしようと思い立つが、自分ではなかなか思うようにいかない。そんなとき、突然ひとりの異人がやってきて、「私なら彫刻を作ることができる」と告げる。

　それから1週間後、山中の岩屋から出てきた異人は、俊源に像を手渡すとどこかへ姿を消してしまう。そして完成した像を見てみると、正視ができないほどのオーラに包まれていたという。そこで俊源は、高尾山山頂の一角に祠を建てて像を安置。これを飯縄大権現として高尾山のご本尊にしたことで、薬王院は修験道の道場となったのである。

163

1／俊源大徳が山中での厳しい修行の果てに感得した飯縄大権現の御前立　2／飯縄大権現を祀ることによって、高尾山は修験道の霊山として発展していった。写真は、火の上を素足で歩く修験道の荒行「火渡り祭」　3／深山幽谷の気配が漂う、修験道の道場である薬王院　4／享保年間に建立された飯縄権現堂には、伝説や空想上の動物をモチーフとした彫刻が施されている　5／鐘楼堂横にある薬王院の開祖・行基菩薩像

戦国から江戸時代

後北条氏が
高尾山を保護

戦国時代になると飯縄大権現は、上杉謙信や武田信玄などの勇敢な戦国武将から軍神として信仰されるようになった。なかでも相模を拠点とする後北条氏は、薬王院薬師堂を修繕するために土地を寄進するなど、手厚く保護をしたという。そのおかげで1575（天正3）年に、高尾山でご本尊の開帳があったときには、関東地方から大勢の参詣者が集まり門前市が開かれるほどであった。

また、八王子城を築城した北条氏照は、高尾山の森林資源を資材とするため、1578（天正6）年に竹木伐採を禁止する制札を出した。これにより高尾山の豊かな自然が現在まで守られることにつながっていったのである。

徳川家との
つながり

その後、豊臣秀吉によって後北条氏が倒されると、庇護する者を失った薬王院は荒廃してしまう。当時の記録によると、山上の伽藍は一院を除いてすべて失われ、ご本尊である薬師如来が雨ざらしになってしまったといわれている。

しかし、寛永年間（1624〜1645）になると、徳川家とのつながりによって、再興を果たす。江戸時代中頃には紀伊徳川家の祈祷所となり寄進を受けることで勢力を拡大。1729（享保14）年には、飯縄権現堂本殿を建立。さらに1753（宝暦3）年には拝殿と幣殿も建てられ、現在のような三殿一体となる飯縄権現堂が完成したのだった。

庶民の信仰を
集める

　寛永年間に薬王院が再興したことにより、庶民の
高尾山信仰も復活を迎えた。現在でも本堂の脇に
保存されている1631（寛永8）年に鋳造された寛永
古鐘は、発願からわずか半年で完成しており、信徒
からの寄付がすぐに集まったことがうかがえる。

　江戸時代も中期となると、普段は拝めない寺社の
ご本尊をほかの土地に運び、信徒や庶民が拝観で
きる「出開帳」が流行した。薬王院も1738（元文3）
年には、江戸の町で出開帳を行ない、信徒を増やし
ていった。それに加えて、江戸の庶民の間では富士講
（P182参照）が盛んになり、その道中にある高尾山
は大勢の人が押し寄せるようになったのである。

江戸時代の
ご利益

　また、薬王院の信仰は、八王子宿の主要産業で
ある養蚕とも深いつながりがあった。薬王院が、ネズ
ミからカイコを守る「蚕守」を頒布すると、養蚕農家
の間で人気となったのだ。そして高尾山は、江戸のみ
ならず、武蔵国（埼玉県）や上野国（群馬県）などの
農家からも信仰を集めるようになったといわれている。

　では、江戸時代の人々は薬王院にどんなご利益
を求めたのだろうか？　先述のとおり養蚕農家は、
「蚕守」や虫害除けの「牛王」が多かった。町民は、
火事が多かったことから「火伏」や、薬師如来への
祈願として「病気平癒」を求めたといわれている。そし
て、これらの諸願成就の返礼として杉苗奉納（P31参
照）が行なわれたことが数多くの石碑に刻まれている。

1／戦前の絵葉書に登場する高尾山のケーブルカー。1927（昭和2）年に開業したケーブルカーは、日本一の急勾配を往復する珍しさから人気の乗り物となった　2／開業当時の清滝駅。多摩御陵を参拝した後、ケーブルカーで高尾山の山頂に行き、展望を楽しむ人が多かった。写真のゲートには「鉄道テハ十分間、徒歩テハ一時間」というケーブルカーの宣伝が大書されている

1

2

3

4
5
6

3／1921（大正10）年に高尾山見晴台で展望を楽しむ人たち
4／ご本尊様に願いがかなうように2010（平成22）年に作られた
大錫杖。薬王院は、参拝者に楽しんでもらえるように常に進化して
いる　5／現在の清滝駅。1975（昭和50）年に改築されたもので、
壁面や柱には丹波石が張られている　6／薬王院の境内には、
明治時代の杉苗奉納石碑も多い

近代から現代

明治時代の
神仏分離令

　江戸時代に多くの参拝者でにぎわった高尾山であったが、1868（明治元）年に発布された神仏分離令によって状況は大きく変わった。薬王院のご本尊である飯縄大権現は神仏習合の神であったが、神社的な要素を払拭。「権現」の神号が禁止されたので、一時はその名を飯縄大不動と呼び替えたのだった。

　さらに1871（明治4）年には、720余町歩あった寺領のうち、薬王院付近の約10町歩を残して帝室御料林として上地しなければならなかった。これによって山林自体は保護されることとなったが、薬王院は財政基盤に大きな打撃を受けることとなってしまった。

ケーブルカーの
開業

　その後も、薬王院は1923（大正12）年の関東大震災や1929（昭和4）年の火災でも被害を受けてしまった。しかしその一方で、1927（昭和2）年に高尾登山電鉄のケーブルカーが営業を開始。昭和初期に、大正天皇の墓である多摩御陵（P196参照）が造営されると高尾山の名前も全国的に知られ、多くの観光客が訪れるようになった。大正末期には、高尾駅から登山道沿いに旅館・料理屋が9軒、料理・休憩所が35軒も営業していたという。

　しかし、日本が太平洋戦争に突入すると登山・観光客は激減。ケーブルカーも戦争のために機器供出し、1944（昭和19）年には営業を休止してしまった。また、高尾山の山林も戦争に必要な船舶のために伐採され、保護されていた自然が傷つけられることとなった。

関東代表の
国定公園

　戦争も終わり、人々の生活も徐々に豊かさを取り戻してくると、レジャーの需要も高まってきた。すると高尾山ケーブルカーは、1949（昭和24）年にいち早く再開。翌年には、高尾山と八王子城山などが「都立高尾陣場自然公園」に指定された。

　さらに1967（昭和42）年には、明治改元100周年記念事業として国定公園をつくることとなり、関東代表に高尾山が、関西代表に箕面が選出。1974（昭和49年）には、「明治の森高尾国定公園」と「明治の森箕面国定公園」を結ぶ、1697kmの東海自然歩道が整備され、高尾山は東の起点となった。

登山者数
世界一の山へ

　その後も、高尾山には首都圏から多くの登山・行楽客が訪れるようになった。高尾山を中心とする「明治の森国定公園」の利用者数は、1974（昭和49）年には133万人だったものが、2007（平成19）年には、約2倍の260万人へと増えていったのだった。

　そして2007（平成19）年、高尾山は世界的にも権威のあるガイドブック『ミシュラン・グリーンガイド・ジャポン』（P203参照）で最高ランクの三ツ星を獲得。これにより外国からの観光客も増えたことで、今や登山者数は300万人を突破。高尾山は富士山をもしのぐ、世界一多くの人が訪れる山となった。しかし同時に、オーバーユースによる自然環境への負荷という問題も生まれているため、現在は、その解決に向けて適正なマナーやルールの周知が図られている。

1／6号路にある岩屋大師。右側の洞窟には弘法大師像が安置されている　2／岩屋大師の左側の洞窟にお地蔵様が鎮座する　3／108段ある男坂の階段。これは四国88霊場と弘法大師の足跡が残る別格20霊場の合計と同じで、上ると煩悩消滅のご利益がある　4／薬王院本堂の右奥にある大師堂　5／大師堂の周りには、88体の大師像が祀られている　6／清滝駅近くにある不動院の弘法大師像

高尾山と弘法大師

数々の
奇跡伝説

　弘法大師の名で知られる空海は、平安時代に唐（現在の中国）に留学生として渡り、帰国後に真言宗を日本中に広めた。空海が開いた真言宗のお寺は、現在1万4000ほどもあるという。高尾山薬王院も真言宗智山派で、成田山の新勝寺、川崎大師の平間寺とともに関東三大本山のひとつである。

　また、空海は布教のために日本中を行脚し、各地で住民のために奇跡を起こした伝説が残っている。全国には空海が掘り当てた井戸や温泉が無数にあるという。もちろん、後年に脚色されたものも多いといわれるが、空海がそれだけ人々のために尽くした高僧であったことは間違いないであろう。

岩屋大師の
伝説

　高尾山にも飯盛スギ（P30参照）など、いくつか空海に関する伝説が残っているが、その代表的なものが岩屋大師にまつわるものだ。

　空海が高尾山に修行にやってきたところ、嵐になってしまったので下山を決意した。すると大岩の陰で巡礼に来ていた母と娘がずぶ濡れでうずくまっているのを見つけたのだった。母親のほうは病気らしく、苦しがっている。そこで、「この母娘のために雨宿りできる場所が欲しいものだ」と祈ったところ、突然、目の前の岩屋が崩れて、ぽっかりと穴が開いた。

　そして空海は、母娘を洞窟の中に招き入れると、母親はみるみるうちに体力を回復していったという。その洞窟が残っているのが、6号路の岩屋大師である。

お遍路とは？

　空海が修行したといわれる道のりを歩く「お遍路」は、四国八十八カ所をめぐる巡礼コースとして、よく知られている。現在の香川県で生まれた空海は、四国各地を行脚して霊場を開いた。その後、彼の弟子たちが空海を慕って霊場巡りをするようになったのが始まりといわれているが、はっきりしたことはわかっていない。

　ただし、八十八カ所めぐりのルートが確立したのは、江戸時代になってからのことであるのは間違いない。1687（貞享4）年に真念という人物が、『四国遍路道指南』という現在のガイドブックのような書籍を出版。それまでバラバラだった修行ルートに番号をつけて、さらに旅支度や参拝方法までを詳しく紹介した。これによって庶民にもお遍路が大流行し、この書籍は明治時代までロングセラーとなったという。

八十八大師
霊場めぐり

　1903（明治36）年、薬王院御山主であった志賀照林大僧正は、四国八十八カ所を巡礼。その各所の土を持ち帰り、高尾山内に建立した八十八体の大師像の下に納め、「八十八大師霊場」（P178参照）を創設した。これらの大師像をめぐると、四国八十八カ所を巡礼したのと同じご利益があるという。

　また、八十八大師霊場をめぐるのは、健脚の人でも丸一日かかるが、もっと手軽に八十八大師めぐりをする方法もある。大本堂脇にある大師堂には周囲に小さな大師像が八十八体あるので、ここをめぐるなら約10分でお遍路さんのご利益をいただくことができる。

① 清滝駅前広場の山側

- □ 第一番 霊山寺
- □ 第二番 極楽寺
- □ 第三番 金泉寺
- □ 第四番 大日寺
- □ 第五番 地蔵寺
- □ 第六番 安楽寺
- □ 第七番 十楽寺

② 二本松の前広場

- □ 第八番 熊谷寺
- □ 第九番 法輪寺
- □ 第十四番 常楽寺
- □ 第十三番 大日寺
- □ 第十五番 国分寺
- □ 第十二番 焼山寺
- □ 第十一番 藤井寺

③ 十一丁目茶屋周辺 ▶ ④ たこ杉右隣

- □ 第十番 切幡寺
- □ 第十六番 観音寺
- □ 第十七番 井戸寺
- □ 第十九番 立江寺
- □ 第十八番 恩山寺
- □ 第六十六番 雲辺寺
- □ 第二十番 鶴林寺

⑤ 神変堂周辺 ▶ ⑥ 仏舎利塔広場

- □ 第二十二番 平等寺
- □ 第二十一番 太竜寺
- □ 第六十四番 前神寺
- □ 第六十五番 三角寺
- □ 第二十三番 薬王寺
- □ 第六十一番 香園寺
- □ 第五十番 繁多寺

- □ 第四十二番 仏木寺
- □ 第五十六番 泰山寺
- □ 第五十三番 円明寺
- □ 第四十六番 浄瑠璃寺
- □ 第五十二番 太山寺
- □ 第五十七番 栄福寺
- □ 第五十八番 仙遊寺

- □ 第五十九番 国分寺
- □ 第四十四番 大宝寺
- □ 番外霊場 南光坊
- □ 第五十五番 南光坊
- □ 第四十七番 八坂寺
- □ 第六十番 横峰寺
- □ 第五十四番 延命寺

▶ ⑦ 男坂石段上

- □ 第四十五番 岩屋寺
- □ 第四十三番 明石寺
- □ 第六十二番 宝寿寺
- □ 第五十一番 石手寺
- □ 第四十九番 浄土寺
- □ 第四十八番 西林寺
- □ 第六十三番 吉祥寺

176

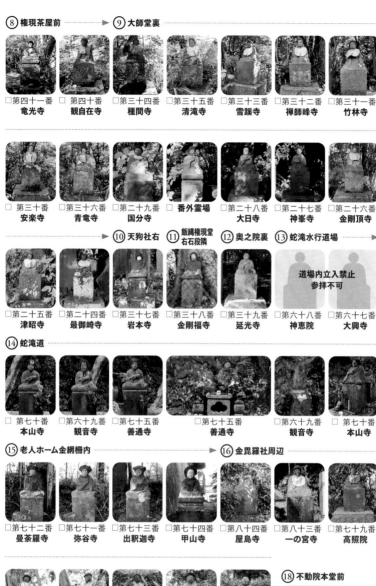

⑧ 権現茶屋前　→　⑨ 大師堂裏

□第四十一番 **竜光寺** / □第四十番 **観自在寺** / □第三十四番 **種間寺** / □第三十五番 **清滝寺** / □第三十三番 **雪蹊寺** / □第三十二番 **禅師峰寺** / □第三十一番 **竹林寺**

□ 第三十番 **安楽寺** / □第三十六番 **青竜寺** / □第二十九番 **国分寺** / □ 番外霊場 / □第二十八番 **大日寺** / □第二十七番 **神峯寺** / □第二十六番 **金剛頂寺**

→ ⑩ 天狗社右　⑪ 飯縄権現堂 右石段隣　⑫ 奥之院裏　⑬ 蛇滝水行道場

□第二十五番 **津昭寺** / □第二十四番 **最御崎寺** / □第三十七番 **岩本寺** / □第三十八番 **金剛福寺** / □第三十九番 **延光寺** / 道場内立入禁止 参拝不可　□第六十八番 **神恵院** / □第六十七番 **大興寺**

⑭ 蛇滝道

□ 第七十番 **本山寺** / □第六十九番 **観音寺** / □第七十五番 **善通寺** / □第七十五番 **善通寺** / □第六十九番 **観音寺** / □ 第七十番 **本山寺**

⑮ 老人ホーム金網柵内　→　⑯ 金毘羅社周辺

□第七十二番 **曼荼羅寺** / □第七十一番 **弥谷寺** / □第七十三番 **出釈迦寺** / □第七十四番 **甲山寺** / □第八十四番 **屋島寺** / □第八十三番 **一の宮寺** / □第七十九番 **高照院**

□第八十二番 **根香寺** / □第八十一番 **白峰寺** / □ 第八十番 **国分寺** / □第八十六番 **志度寺** / □第八十七番 **長尾寺**

⑱ 不動院本堂前

→ ⑰ 1号路金比羅台分岐

□第八十五番 **八栗寺** / □第七十八番 **郷照寺** / □第七十七番 **道隆寺** / □第七十六番 **金倉寺**

□第八十八番 **大窪寺**

高尾山内
八十八大師めぐり

どこにある？
八十八大師

　高尾山で八十八大師めぐりができるのは前述のとおり（P175参照）。明治の時代に四国まで行くのはたやすくなかったため、誰でもお参りできるように、と建立された。頑張れば1日で八十八カ所を巡拝することもできる。心と体の健康のためにめぐってみたい。

　出発は早朝。事前に薬王院で入手しておいた「高尾山内八十八大師巡拝案内図」を頼りに、清滝駅前広場にある一番札所から二本松の前広場、薬王院、蛇滝、金比羅台にある札所を巡拝していく。弘法大師ゆかりの地である番外霊場も2カ所ある。建立当時、山内で人が多く集まる場所を選んで安置したそうだ。

八十八
大師
案内図

奥之院裏　　⑫　　奥之院不動堂
飯縄権現堂　　　　飯縄権現堂右石段隣
⑩　　⑪
天狗社右　　大本堂
　　　　　　大師堂
　　　　　⑨　大師堂裏

権現茶屋前
⑧
権現茶屋

仏舎利塔
仏舎利塔広場
⑥　　　男坂石段上
　　　⑦　　神変堂
　　　　　⑤
　　　神変堂周辺

四天王門

必携!詳細案内図

八十八大師巡拝案内図は、どこに何番の札所があるか書かれてあり、3カ所でスタンプを押すと巡拝証をいただける。年に500人ほどがこの案内図を購入するそう。

1日でめぐるには金比羅台を先に

札所の数字順でめぐろうとすると、蛇滝コースを麓まで下りて登り返すことになるが、必ずしも順番どおりでなくてもよいという。1日で巡拝するには、薬王院の三十九番札所の後、金比羅台に行ってから蛇滝に向かうことをおすすめする。

また、人通りの少ない二本松の前広場に多くの大師像があるのは、かつてここに茶屋があったからであり、蛇滝コースに同じ番号の大師像が複数あるのは、川が氾濫して流された大師像が再度建立した後に見つかったから。大師像でない石板の札所があるのは、その札所を建立した信徒たちの意向だそうだ。

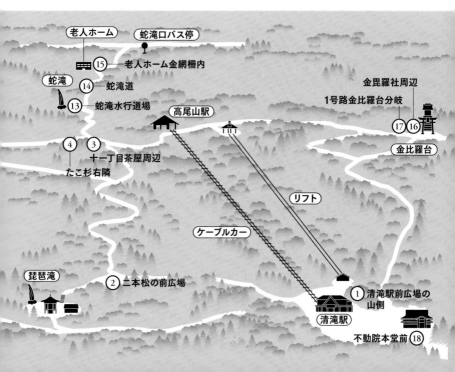

1／高尾山山頂にある大見晴園
地から望む富士山。標高は599
mと決して高くはないが、端正な富
士山の姿を見られる　2／高尾
山から富士山までの登拝修行で
修験者によって運ばれる碑伝

3

4	5
	6

3／修験者たちが徒歩で5泊6日かけて高尾山から富士山をめざ
す富士登拝徒歩練行は、2007年に復活。以後、毎年行なわれ
ている　4／江戸後期の旅籠「ふぢや新兵衛」の軒先には、なじ
み客の講札が残る　5／蛇滝口バス停近くにある「ふぢや新兵
衛」。この旅籠には、富士講の客も多く宿泊した　6／奥之院不
動堂の裏にある、高尾山の富士信仰のよりどころ「富士浅間社」。
今の社殿は大正末期に再建されたもの

高尾山と富士信仰

富士浅間社の建立

　今や年間300万人の登山者が訪れる高尾山だが、その人気は約500年前に始まっていた。時は戦国時代。関東を支配していた後北条氏は、甲斐(山梨県)の武田氏と対立し、甲斐を通行しての富士山への参拝が難しくなってしまった。そこで、北条氏康は山頂から秀麗な富士山が望める高尾山に富士浅間社を建立。富士山のご祭神である木花咲耶姫を勧請した。これによって、高尾山は富士山の代わりとして、多くの人々が訪れるようになったのだった。

　その後、江戸時代に入り平和が訪れても、高尾山詣の人気は衰えることがなかった。当時は、実際に江戸から富士山に登ろうとすると1週間以上かかり、通行手形の申請なども面倒だった。それにくらべ高尾山は、手軽で費用や時間もかからずに富士山参拝と同じご利益があったからだ。また、女人禁制だった富士山とは違い、女性も登ることができたのも高尾山詣ブームに拍車をかけることとなった。

江戸で流行した富士講

　江戸時代も中期になると、庶民の間で講中登山が流行した。講中登山とは、同じ信仰を持つ人々が「講」をつくり、神仏が宿っている霊山に登ることをいう。特に富士山で修行を積んだ修験者たちが、信者と一緒に富士山へ登る「富士講」は江戸の町で大人気となった。江戸時代末期には「江戸八百八町に八百八講、講中八万人」といわれ、江戸のすべての町に富士講があり、講員は8万人を数えたという。

富士講の
人気ルート

　富士講のポピュラーだったルートは、まず江戸の町から八王子に出て高尾山に参拝。小仏峠(P113参照)を越えて甲斐国に入り、吉田口から富士山を登山。その帰りに、大山阿夫利神社(伊勢原市)に参拝するものだった。というのも、大山阿夫利神社の祭神である大山祇神の娘が富士山の祭神の木花咲耶姫であったため、両方をお参りしないと、縁起のよくない片参りになってしまうからであった。

　こうした高尾山、富士山、大山の三山をめぐる講中登山は戦前まで盛んに行なわれ、毎年7～9月になると、多くの白装束の参拝者たちがご詠歌を詠唱しながら甲州街道を歩いていた。このように近世から戦前にかけての高尾山に人々が集まってきたのは、富士山との関わりが深いからであった。

復活した
富士登拝修行

　戦後になり信仰登山をする人も少なくなると、高尾山から富士山へ歩く人の姿も見られなくなってしまった。そこで、薬王院では北条氏康が高尾山に富士浅間社を建立してから、450年目に当たる2007(平成19)年に徒歩による富士登拝修行を再興。それ以来、毎年7月には、多くの修験者たちが高尾山を起点として富士山山頂を徒歩でめざしている。

　また、2008(平成20)年には、江戸時代の慣習にならい、修験者たちは富士山登拝後に大山登拝も実践。以来、高尾山薬王院、大山阿夫利神社、山梨県の北口本宮冨士浅間神社との3社寺の交流が芽生えた。

1／かつての駒木野宿の中心地に立てられている記念碑。あたり一帯は気持ちのよい公園になっている　2／小仏関所跡には、石碑と2つの自然石が残る。ひとつは手形を置く手形石。もうひとつは、通行人がこの石に手をついて待ったという手付石だ　3／八王子の地誌書『桑都日記（そうとにっき）』に描かれている小仏関所。通行する人をここで厳重にチェックした　4／追分にある高尾山への道標。建立したのは江戸の足袋屋清八

	1	
2		4
3		

	6
5	7

8

5／多摩御陵造営の記念樹として植えられた約770本のイチョウ。樹齢70年以上のイチョウ並木が約4kmも続く　6／木漏れ日が差し込む、駒木野庭園の日本家屋。もともとは、戦前に建設された住居兼医院だった　7／2012（平成24）年に整備された高尾駒木野庭園。日本家屋の喫茶室でお茶を飲むこともできる。庭園内には、石や砂を水に見立てた枯山水などがある　8／小仏川遊歩道で野草を探しながらの散策も楽しい

八王子から
駒木野を歩く

追分から
多摩御陵へ

　高尾山の山麓で歴史を感じる散策をしたいなら、八王子から駒木野までがおすすめだ。スタートはJR西八王子駅から甲州街道へ。東へ10分ほど歩くと追分交差点に道標が立っている。これは江戸の足袋屋清八（P206参照）が、立てたものだ。また清八は、高尾山に五重塔も奉納している。

　ここからJR高尾駅までは、約4kmのイチョウ並木が続く（P12参照）。春は新緑、秋には黄金色に輝くイチョウを見ながら歩みを進め、多摩御陵入口交差点から武蔵野陵・多摩陵（P196参照）へ。

駒木野庭園で
ひと休み

　厳かな雰囲気のなかで参拝を済ませたら、甲州街道に戻り、西浅川交差点から旧甲州街道に入る。300mほど進むと左手に高尾駒木野庭園が見えてくる。ここは、枯山水、池泉回遊式などの本格的日本庭園や、戦前の日本家屋、四季折々の花などを楽しみながらくつろげる施設。併設のカフェで小休憩しよう。さらに10分ほど歩くと小仏関所跡だ。関所跡はベンチのある気持ちのよい公園になっている。

●駒木野散策コースタイム
JR中央本線西八王子駅（5分）西八王子駅西交差点（往復20分）追分道標（30分）多摩御陵入口交差点（15分）多摩御陵入口（30分）西浅川交差点（10分）小仏関所跡（20分）蛇滝口バス停　計2時間10分

小仏関所跡

　　小仏関所は、戦国時代に後北条氏が通行を取り締まるのに、小仏城山に設置したのが始まりといわれている。その後、現在の地に移され、後北条氏の滅亡後は徳川氏が管轄した。甲州街道の要衝であったこの関所には、関守が置かれ、関所破りは磔の刑に処されるほど、厳重な取り締まりが行なわれていた。また、関所跡の史跡近くには、小仏関所の関守でありながら幕末の尊王攘夷運動に身を投じた落合兄弟らの顕彰碑も立っている。文字は、憲政の神様と称された尾崎咢堂(行雄)によるものだ。

ゴールは
蛇滝口

　　旧甲州街道に戻り荒井バス停を過ぎたら、小仏川沿いの遊歩道に入ろう。春夏は、約100種類の山野草が観察できる。蛇滝まで約250m歩いたら、橋を渡り車道に戻る。すると、左手に蛇滝茶屋が見えてくる。この旅館は、高尾山の参詣者が多く利用したもので、江戸時代は「ふちや新兵衛」という旅籠だった。蛇滝口からはバスで高尾駅まで戻れるが、1時間に1〜2本程度しか運行していないので注意しよう。

薬王院 大本堂

1	2
3	4

1／本堂に備えつけられている青い小天狗の大きなお面。額には奉納者として「登山五十周年記念　江原一心講」と記されている　2／同じく本堂にある赤い大天狗のお面。こちらは高尾山有信講が、登山八十八周年記念に奉納したもの　3・4／飯縄権現堂に立つ青銅の小天狗と大天狗の像。これは飯縄権現堂へ向かう鳥居の石段の脇に並んでいる三十六童子像とともに、ご本尊である飯縄大権現を守っている

薬王院 飯縄権現堂

JR高尾駅3・4番線ホーム

5	6
7	8

5／薬王院手前のスギ並木のなかでもひときわ目立つ「天狗の腰掛杉」。樹齢は700年で、東京都の天然記念物に指定されている
6／JR高尾駅3・4番線ホームにある高さ2.4m、鼻の長さが1.2mの天狗の面。高尾山への道しるべとして、1978（昭和53）年に八王子観光協会と薬王院によって設置された　7・8／四天王門を過ぎたところに立っている小天狗（7）と大天狗（8）の像。2005（平成17）年に弘法大師渡唐1200年などを記念して建立された

薬王院 四天王門付近

高尾山と天狗

天狗とは？

　天狗は、神通力をもつ神様、あるいは妖怪として、大昔から信仰の対象となってきた。我が国最初の歴史書といわれている『日本書紀』（720年完成）にも登場するほど、古い歴史がある。

　ただし、現在知られているような、鼻が高く、赤くいかつい顔をもつ天狗は、室町時代の画家である狩野元信が描いたのが最初といわれている。彼は、天狗をより力強く威厳に満ちた表現をするためにそのような姿に描いたという説がある。

高尾山の天狗信仰

　高尾山の天狗は、ご本尊である飯縄大権現の眷属（使いのもの）として、除災開運、招福万来など民衆にご利益を施す力をもつとされてきた。実際、高尾山に参拝すると、いくつもの天狗を見つけることができる。また、東京都の天然記念物である「高尾山のスギ並木」には「天狗の腰掛杉」があったり、たこ杉（P30参照）にも天狗の伝説が伝わっている。ほかにも江戸落語の『天狗裁き』にも高尾の大天狗が登場するなど、高尾山の天狗は、古くから人々によく知られているものだった。

　というのも高尾山は、もともと山伏が修行する山であった。山伏が険しい岩を登ったり、山中で滝に打たれる難行苦行をしている姿は、里の人間が見ると畏怖の気持ちから天狗と同一視することもあったようだ。そんな修行をする山伏たちが高尾山には多かったことから、天狗信仰が広まっていったといわれている。

2種類の天狗

　一般的に天狗は、赤い顔で鼻が高い「大天狗」と、青い顔で鳥のような口をもつ「小天狗」の2つに分けられる。大天狗は修行を積み、呪力、験力を体得した天狗。小天狗は、まだ若かったり、修行途上だったりする天狗といわれている。

　ところで、高尾山の大天狗は団扇を、小天狗は剣を持っているが、どうしてだろうか？　団扇は、人々の祈りに応じて幸運を招くためのもの。小天狗の剣は、魔を断ち災いから人々を守るためのだ。

　実際、山伏が修行中に団扇を使うことがあったという。山中では、蚊や蝶などが周りに集まってくることがある。そんなときでも山伏は「殺生禁断」の戒律があるため、殺すことはできない。そっと団扇ではらうことで虫の命を守っていたようだ。

天狗になる？

　高尾山の天狗は人々にご利益をもたらすが、辞書をひも解いてみると、「天狗になる」という慣用句には「自慢をする」「鼻高々となる」というネガティブな意味がある。これは、「天狗道」という宗教的な考えに基づくといわれている。平安時代には、地位や名声をむさぼる傲慢な僧は、死後に魔界である「天狗道」に転生するという言い伝えがあったのだ。

　このように「天狗になる＝傲慢」という意味は古くからあった。そして後に「天狗＝鼻が高い」というイメージが生まれたことによって、「鼻高々＝傲慢」という意味になったといわれている。

高尾山の一年 イベント案内

高尾山若葉まつり

新緑の季節、土・日・祝日を中心に、さまざまな催しが開かれる。ケーブルカーの清滝駅前広場には特設ステージが用意され、八王子市消防団の音楽隊による演奏や八王子の伝統芸能である車人形の公演、クイズ大会などが行なわれ、老若男女問わず楽しめる。

日程：4月上旬～5月下旬
場所：高尾山麓および高尾山中

TAKAO599祭

高尾山の自然に、より親しみを深められるイベント。内容は毎回変わるが、前回まではネイチャークラフトのワークショップや著名人のトークショーなどが行なわれたほか、芝生広場では、青空の下でのヨガのミニレッスンや音楽ライブが開かれた。

日程：8月上旬
場所：高尾599ミュージアム

元八王子北條氏照まつり

八王子城を築いた戦国武将・北条氏照をたたえ、地元有志によって開催されるお祭り。甲冑をまとった200名以上の人々が高尾街道を練り歩く武者行列は、歴史好きにはたまらない。2021（令和3）年は第10回を記念して八王子城跡の御主殿跡で出陣式を行なう予定。

日程：10月中旬
場所：八王子城跡ほか

節分会

毎年恒例の節分会。前年に活躍した人々の幸を分けていただくようにと、人気俳優や大相撲の関取、八王子芸者衆などを招き、薬王院の本堂で早朝5時から14時まで、全6回の豆まきが行なわれる。ちなみに、高尾山には鬼はいないとされているため「鬼は外」は言わない。

日程：毎年節分の日
場所：高尾山薬王院

高尾山春季大祭
日程：4月第3日曜
場所：高尾山薬王院

十一丁目茶屋から薬王院の大本堂までを、華やかな衣装の稚児（子ども）たちをはじめ、ゆかりのある人々が練り歩く。

高尾・陣馬スタンプハイク
日程：4月上旬～5月下旬・10月上旬～12月上旬
場所：高尾山・陣馬山ほか

年2回、春と秋に行なわれるイベント。京王線の各駅でもらえる台紙にスタンプを集めて応募すると、抽選で賞品が当たる。

高尾山秋季大祭
日程：毎年10月17日
場所：高尾山薬王院

春季大祭と同じく稚児行列が行なわれ、薬王院の山伏や八王子芸者衆とともに、総勢200名を超える大パレードとなる。

高尾山もみじまつり
日程：11月1日～30日
場所：高尾山麓および高尾山中

高尾山の紅葉に合わせ、期間中の土・日・祝日を中心に、清滝駅前や十一丁目茶屋前などで多彩なイベントが行なわれる。

TOKYO八峰マウンテントレイル
日程：12月下旬
場所：陣馬山・草戸山ほか

夕やけ小やけふれあいの里～陣馬山～草戸山～落合公園の約30km（地図上の直線距離）を駆けるトレイルランレース。

迎光祭
日程：毎年1月1日
場所：高尾山山頂

訪れた人々の無病息災と社会の安寧を祈り、初日の出を迎える行事。高尾山山頂に祈願所を設け、僧侶の読経が行なわれる。

高尾山の冬そばキャンペーン
日程：2月上旬～下旬
場所：高尾山麓および高尾山中のそば店

参加店のそばやうどんを食べてスタンプを集めると、高尾山口観光案内所で先着順に記念品がもらえる。台紙は割引券付き。

高尾梅郷梅まつり
日程：3月中旬
場所：高尾梅郷各梅林

旧甲州街道沿いに複数ある梅林のそれぞれで屋台が並ぶほか、琴の演奏や野点が行なわれる。梅林をめぐるスタンプハイクも。

高尾山火渡り祭
日程：3月第2日曜
場所：高尾山麓自動車祈祷殿広場

薬王院が執り行なう修験道の一大行事。山伏が素足で火の上を渡る儀式（P165参照）の後、一般の人も渡ることができる。

＊各イベントは内容や日程の変更、もしくは中止になる可能性あり

高尾山雑学案内

高尾山の歌碑

薬王院で
歌を詠んだ白秋

　高尾山は、登山者だけでなく多くの文人や俳人にも愛されてきた。その作品は、歌碑として男坂から薬王院の境内へと続く参道に残されている。

　なかでも最も有名なのは、北原白秋の短歌だ。

「我が精進　こもる高尾は夏雲の

　　　　　　　　下谷うずみ　波となづさふ」

　これは高尾山から見えた夏の雲海を詠んだもの。1937（昭和12）年、白秋は主宰していた短歌結社「多磨」の全国大会を薬王院で開催した。そのときに高尾山をモチーフとする短歌を17首つくったが、そのなかから選ばれた一首である。

高尾山の自然を
愛した秋櫻子

　高尾山に歌碑がある文人のなかで、北原白秋と並んで著名なのが水原秋櫻子だ。秋櫻子は、歌人であり日本野鳥の会の創始者でもある中西悟堂と親しかった。1943（昭和18）年、秋櫻子は悟堂の案内で薬王院に一泊し、野鳥の声を聞く会に参加。そのときに30句余りの俳句をつくったが、そのうちの一句が太師堂の前に歌碑として残っている。

「仏法僧　巴と翔る　杉の鉾」

　これは、鉾のように大きな杉の周りを、野鳥のブッポウソウが飛びまわっている様子を詠んだものだ。その後も秋櫻子は、高尾山の自然を愛し、何度も登った。そして、戦時中に休刊した俳句雑誌『馬酔木』の復刊記念会を高尾山麓の蕎麦屋「髙橋家（P138参照）で開催したのだった。

この碑面の文字は、白秋自身のペン書きの原稿を拡大して刻んだもの

大師堂の近くにある水原秋櫻子の歌碑。彼は疎開のため9年ほど八王子に住んでいた

八王子在住の詩人・阿部ひろしの歌碑は、1994（平成6）年に建立された

北島三郎は、薬王院の長い歴史のなかでも、初めて本堂内で歌唱奉納を行なった

サブちゃんの歌が聞ける碑

薬王院の境内には、八王子在住の歌手・北島三郎さんが2014（平成26）年に発売したシングル「高尾山」の歌碑が建立されている。この曲は彼が「第二の故郷である八王子の歌を歌いたい」と自ら作曲し、作詞は「北国の春」をつくった、いではくが担当した。歌碑の文字も、北島さんの直筆によるものだ。

また、碑の台座には北島三郎さんの実物大の手形があり、そこに手を添えると曲の一節が流れるようになっている。彼は2016（平成28）年に行なわれた除幕式で、「私が歌えなくなってもここに来れば聞けますよ」とコメントし、多くの参加者の笑いを誘ったという。

高尾山霊園散歩

**散策と墓参で
心身を癒やそう**

　都心からのアクセスも良好で、四季折々の美しい表情を見せる高尾山周辺には公営・私営の霊園が点在しており、歴史的人物や作家・芸能人などのお墓も少なくない。ハイキングを兼ねて、大自然に抱かれて眠る各界著名人のお墓めぐりをするというのも高尾山ならではの楽しみ方のひとつだ。

　"墓参"というと暗いイメージを抱くかもしれないが、線香がほのかに香る陽光のなか、霊園をゆっくりと歩くのは思いのほか気持ちのよいもの。実際、公園化された霊園には、遊歩道を散策し、あずまやなどでお弁当を広げる家族連れなどもよく見られる。スマホ片手に意中の人物のお墓を探し当てるもよし、あるいは散策中に思わぬ故人との"出会い"があるというのも霊園散歩の醍醐味だ。

**昭和・大正の
天皇皇后陵も**

　著名人の墓所が多い高尾山周辺で、特に有名なのが多摩御陵〈武蔵陵墓地〉（P186参照）だろう。同陵は、大正天皇陵である「多摩陵」、貞明皇后陵の「多摩東陵」、昭和天皇陵の「武蔵野陵」、香淳皇后が眠る「武蔵野東陵」の4つの陵から成る。

　1926（大正15）年の大正天皇崩御に際し造営が開始されたが、多摩丘陵が選ばれた理由は、万葉集に「多麻の横山」と詠まれた由緒ある土地柄であり、なにより地盤が強固なことにあったという。かつては皇室専用駅として中央本線東浅川駅が置かれ、一般参拝者向けに京王御陵線多摩御陵前駅が存在したが、現在ではJR・京王線高尾駅が最寄り駅である。

高尾霊園A区にある寺山修司の墓。墓石の
デザインは、寺山と親交の深かった栗津潔

昭和天皇陵は、大きな鳥居と木々に囲まれ荘
厳な雰囲気を醸し出している

清志郎がデザインしたキャラクター「ヒトハタウ
サギ」が、墓石に腰かけている

昭和天皇陵の東側に寄り添うようにして造営
された香淳皇后の武蔵野東陵

反体制の旗手が眠る高尾霊園

　八王子市初沢町、高尾山の東に位置する高尾霊園には、昭和のカウンターカルチャーを先導した2人のスターが眠る。ひとりは寺山修司（1983年5月4日没）。短歌と現代詩に新風を吹き込む一方、劇作家・演出家としても活動し、アングラ劇団「天井桟敷」を主宰。"元祖マルチクリエーター"ともいうべき彼の墓石には、書物をモチーフとしたデザインが施されている。

　もうひとりは日本の"キング・オブ・ロック"こと忌野清志郎（2009年5月2日没）。サイクリングと温泉、そして自然を愛した清志郎だけに、高尾はその安息の地にふさわしい場所だったといえるだろう。

高尾山"はじめて"物語

**あの野外競技は
高尾山が発祥！**

　高尾山に端を発する事物は意外に多く、"元祖○
○の宝庫"といっても過言ではない。有名どころを挙げ
ると、まずはオリエンテーリング。専用の地図とコンパス
を駆使し、山野に設置された数々のチェックポイント
（コントロール）をたどり、ゴールまでの走破タイムを競
う野外スポーツだ。一部に熱狂的愛好家をもち、矢板(やいた)
や日光などが"聖地"として有名だが、日本での発祥の
地は、ほかでもない高尾山。同競技が輸入されて間も
ない1966（昭和41）年、高尾山中で国内初のオリエ
ンテーリング大会が開催され、1971（昭和46）年には
3つのパーマネントコースが設置された。現在は「表
高尾」「高尾山頂・薬王院」「奥高尾」の各コースが
置かれ、初心者から上級者まで気軽に楽しめる。

**ゴミ持ち帰り
運動もここから**

　戦後のレジャーブームや京王高尾山口駅開業によ
り登山者が急増。同時に山中に残されるゴミも目立
つようになった。そこで1975年ごろ、深刻化するゴミ
処理問題に悩む地元の人々が決起する。クレームも
覚悟の上、あえてゴミ箱を撤去し、ビジターセンター
の放送でゴミの持ち帰りを呼びかけたのだ。これが
日本の「ゴミ持ち帰り運動」の端緒となり全国に広ま
っていった。清滝(きよたき)駅前と山頂にたたずむ「おそうじ小
僧」は運動のシンボルと名高い。
　また、山頂のトイレは、「日本のトイレのすごさ」を
内外に周知すべく2015年度に新設された「日本トイ
レ大賞」公衆トイレ部門の受賞第1号に選出。国内き
っての"清潔な山"の面目躍如となった。

ゴミ持ち帰りを訴える山頂のおそうじ小僧。1993（平成5）年に設置された

オリエンテーリングのポスト。ここに書かれている記号や数字を解答用紙に記入する

山頂下にある大見晴園地トイレは、第一回「日本トイレ大賞」の公衆トイレ部門を受賞した

高尾山が東京都初の日本遺産に認定！

日本遺産とは、地域の歴史的魅力を通じて、国の伝統や文化を語るストーリーを文化庁が認定するもの。高尾山は霊山としての信仰が今でも受け継がれていることなどの理由で、2020（令和2）年に、東京都で初めての認定を受けた。

英国人の登山が外交問題に…!?

訪日客にも絶大な人気を誇る高尾山だが、国際観光地としての歴史は古く、先駆ともいわれる。1858（安政5）年に江戸幕府が鎖国を解いてほどなく、イギリス人団体が登山を敢行したという記録も。当時、外国人が自由に往来できるのは横浜から10里以内と定められており、高尾山は直線距離でギリギリこの範囲に含まれたため（横浜から9.9里）実現できたのだった。なかには山中で道迷いをして、自由往来区域の外に出てしまい関所番と揉めそうになった者もいたとか。ともあれ、高尾山は関東を代表する名所として早くから国際的に認知されていたのだ。

戦争の爪痕

JR高尾駅
ホームの銃痕

　オンシーズンには多くの登山者でにぎわう高尾山だが、周辺には太平洋戦争の爪痕を感じられる場所がある。JR高尾駅の1・2番線ホームの31号支柱には、機銃掃射の銃撃痕が残っているのだ。

　終戦間際の1945（昭和20）年7月8日、当時「浅川駅」という名称だった高尾駅は、米軍艦載機による銃撃を受けた。幸いなことにこのときは死傷者は発生せず物的被害で済んだといわれているが、その約1カ月後、高尾駅近くで日本最大級の列車銃撃事件が起こったのだった。

湯の花トンネル
列車銃撃事件

　1945（昭和20）年8月5日、真夏の太陽が照りつける午後0時15分ごろ、新宿発長野行きの列車が浅川駅を出発した。その3日前には、八王子市街が空襲を受けて中央線も不通になっていた。そのため、列車はとても混雑していたという。

　そして浅川橋梁を通過し、湯の花トンネルにさしかかったとき、米軍戦闘機がロケット弾と機銃掃射で攻撃をしてきた。ロケット弾は外れたが、銃撃によって52名以上が死亡、130名以上が負傷したのだった。

　戦後、1950（昭和25）年には、地域住民によって「列車戦没者供養塔」が現場線路近くに建立。1992（平成4）年には「慰霊の碑」が建てられ、判明している44名の犠牲者の名が刻まれた。

　この慰霊碑は、旧甲州街道沿いの駒木野（P186参照）に案内板が設置されているので、付近を散策するときに参拝することができる。

硫黄島慰霊碑の左にある副碑の「永代供養」
という文字は、小泉純一郎元総理が揮毫した

湯の花トンネル慰霊碑は、旧甲州街道の蛇
滝口バス停から脇道に入ったところにある

機銃掃射の痕は、当時の状態を残すため、
あえて塗装せずに保存されている

硫黄島の鎮魂を
高尾山から祈る

　薬王院の男坂と女坂の合流点から仏舎利塔をめ
ざして登っていくと、戦争に関するさまざまな記念碑が
立っている。そのなかで目を引くのが硫黄島の戦没者
慰霊碑だ。碑の形は、硫黄島を模しているという。

　この慰霊碑は、硫黄島での戦闘に参加し、捕虜と
なって奇跡的に生還した機関銃中隊長が、戦没者の
供養と平和を祈念するため建立を発願。1971（昭和
46）年に薬王院の厚意によって願いを叶えたとのこと。

　碑には、硫黄島へ行くことが困難であることから、こ
こに詣でてはるか南の空を仰げば、現地で供養した
のと同じ気持ちになれるだろうと刻まれている。

高尾山と京王線

京王高尾線の起源

　高尾山口駅と北野駅を結ぶ京王高尾線が開通したのは、1967（昭和42）年のこと。その始まりは、多摩御陵（P186参照）を参拝するためにつくられた御陵線（北野駅―多摩御陵前駅間）であった。1931年（昭和6）年に開通した御陵線は、戦時中に不要不急線とみなされ休止。その後、御陵線の一部を利用して沿線の宅地販売や高尾山の観光が期待できることから誕生したのが京王高尾線であった。

幸運を呼ぶ高尾山トレイン

　京王電鉄では高尾山エリアの活性化のため、2015（平成27）年に高尾山口駅に京王高尾山温泉極楽湯を開業。それに合わせて「高尾山トレイン」というラッピング車両の運行を始めた。この列車は、ベースの色に1983年まで運行していた2000系車両のグリーンを採用。そこに高尾山の四季と若草の5パターンのイラストが描かれている。また、高尾山トレインはたった1編成で、毎日運行しているわけではない。時刻表にも運行スケジュールが掲載されていないので、乗れるとラッキーな電車といわれている。

高尾山トレインは、京王高尾線以外の路線を走ることもある

ミシュランの衝撃 in 高尾山

"緑のガイド"の影響力は絶大!

今や「登山客世界一」とも評される高尾山。"Mt. Takao"を知る外国人は少なくない。近年の人気の起爆剤のひとつとなったのが、『ミシュランガイド』。徹底した"極秘覆面調査"と独自基準による3つ星評価で知られるガイドブックの代名詞的存在だ。日本でも2007(平成19)年に『ミシュランガイド東京2008』が満を持して発行され話題を呼んだのは記憶に新しい。赤い表紙で有名なこのグルメ版に対し、緑色の表紙の「グリーンガイド」は旅行版。こちらも独自の審美眼に貫かれたガイド本として国際的に定評がある。

3つ星は地元の努力の賜物

2007(平成19)年、グリーンガイド『ミシュラン・ボワイヤジェ・プラティック・ジャポン』がフランスで発行。この巻中にTakaoのスペルが最高評価の3つ星とともに躍ったが、その決め手は"クリーンさ"といわれている。高尾山では「ゴミ持ち帰り運動」(P198参照)を1970年代から地道に継続。地元住民の努力が実った同ガイドへの掲載後、年間登山者数は240万人から300万人超へと急上昇したのだった。

2020(令和2)年に改訂された『ミシュラン・ボワイヤジェ・プラティック・ジャポン』(第6版)

油断大敵！高尾山の山岳事故

**意外と多い
救助要請**

　標高599mの高尾山は低山の部類に入るが、山岳救助の出動件数は意外と多い。その数は、年間100件以上。内訳は、転倒によるケガ、急病による救助要請が多く、50歳以上が半数以上を占めるという。

　地元の八王子消防署では、2017（平成29）年から、一般の救急車よりも小型の山岳救急車を配備。これによって山頂での要救助者が発生しても、救急車に乗せたまま医療機関に搬送できるようになった。

**高尾山でも
防寒具は必携**

　高尾山での事故について、八王子消防署山岳救助隊長の渡邉政人さんは次のように言う。

　「ケーブルカーなどもあり山頂にアクセスしやすいので、軽装の人が多いですね。しかし、低山といえども山なので、寒暖の差が激しく、春や秋でも低体温症の恐れもあります。防寒具は忘れずに携行してください。また、景色や植物に見とれていて足を滑らせる方も多いので、よく周りを見ながら歩いてください。気軽に自然を楽しめる高尾山だからこそ、装備と山行計画をしっかりすることが大切だと思います」

年間の救助による出動件数を見ると、5月のGWと11月の紅葉シーズンが多い

山岳救急車は、八王子消防署浅川出張所から山頂まで最短40分ほどで到着できる

高尾山の七不思議

**薬王院に伝わる
盗賊耳附の板**

高尾山には古くから伝わる七不思議の伝説がある。たこ杉（P30参照）、天狗の腰掛杉、岩屋大師の伝説（P174参照）などであるが、そのうちのひとつ「盗賊耳附の板」を紹介しよう。

ある晩、ひとりの盗賊が薬王院の宝物を狙って飯縄権現堂（づなごんげんどう）に忍び込んだ。堂の羽目板に耳をあて中の様子をうかがうと、僧侶が修行中。「ここは退却……」と逃げようとしたところ、耳が羽目板にひっつき離れない。激痛に耐えかねた盗賊はとうとう泣きだした。

泣き声に気づいた僧たちは盗賊の体を引っぱり、羽目板を押したが、耳は離れない。困った僧たちは僧正様を呼んだ。盗賊の様子を見た僧正様は、「これは権現様がこの者に悪心邪心を戒める機会を与えてくださったのじゃ。ありがたいことじゃ……」と言い、法力をかけると耳は板から離れたという。以来、盗賊は僧正様の弟子となり修行に明け暮れ、羽目板は盗難除けのご利益があるとして民衆の信仰を集めたという。

この逸話は、高尾山麓に居を構えていた小説家・中里介山（ざとかいざん）も気に入り、『大菩薩峠（だいぼさつとうげ）』に引用したのだった。

1925（大正14）年に春秋社から発刊された『大菩薩峠』第1巻（国立国会図書館ウェブサイトより）

足袋屋清八

信仰心から五重塔を再建

江戸時代には関東一円で高尾山信仰が盛んになった。そのなかで信仰心の篤さで知られたのが、足袋屋清八（たびやせいはち）だった。堺で鍛冶屋を営んでいた清八は、江戸に出てきて赤坂で足袋屋を始める。すると、当時江戸で流行していた高尾山への信仰熱が高まり、高尾山までの道標寄進の世話役をしたり、出開帳の執行にも関わるようになった。なかでも清八最大の功績といわれているのが宝篋印塔（ほうきょういんとう）（銅製五重塔）の再建である。もともと薬王院には北条氏康（ほうじょううじやす）が寄進した五重塔があったが、大嵐で破壊されていた。そこで清八らが約16年かけて資金集めなどに奔走し、見事再建。しかし、第二次大戦中に金属供出されてしまったため、今は写真でしか見ることができない。

大杉の中にあった不思議なめざめ石

清八が整備した道標は、追分交差点（おいわけ）（P186参照）や八王子市郷土資料館の屋外展示場などで見ることができる。なかでも、薬王院境内にあるものは2001（平成13）年に嵐で倒れた大杉の中から発見されたもので、「不思議なめざめ石」と呼ばれている。

←大杉が嵐によって傾いたため伐採したところ、幹の中から写真の道標が現われた

→足袋屋清八が建立した五重塔。高さは、5m以上だったと推定される（八王子市郷土資料館所蔵）

高尾山健康登山の証（手帳）

人気沸騰の登山スタンプ

薬王院では、1999（平成11）年から登山1回（1日1回のみ）ごとにスタンプを押す「高尾山健康登山の証」という企画を始めたところ、人気が爆発。今や会員数は5万人を超えているという。

手帳は飯縄大権現の縁日である21日にちなんで、1冊21回のスタンプでコンプリート。これを達成することを「満行」といい、満行の名前の入った木札が境内に掲示される。また、満行1回ごとに記念品と交換できる「満行券」か、京王高尾山温泉極楽湯で使える「温泉券」、もしくは、次の手帳がもらえる。さらに満行券2枚で健康登山手帳のストラップ、5回だと精進料理の「天狗膳」（P55参照）との引き換えも可能だ。

2100回の偉業達成者も

この企画に参加するには健康登山の証（手帳）（700円）を購入。1回スタンプを押すごとに100円の料金がかかるが、境内にある休憩所の健康登山者席で薬王院茶を飲むことができる（2021年2月現在休止中）。

また、この手帳を100冊終えることを「成満」と呼び、2020年には200人目の成満者が誕生した。

ケーブルカーで参拝しても、自力で下から登ってきてもスタンプがもらえる

● 写真提供
　新井二郎
　岡崎弘幸
　（中央大学附属中学校・高等学校）
　京王高尾山温泉／極楽湯
　京王電鉄株式会社
　国立公文書館
　国立国会図書館ウェブサイト
　高尾登山電鉄
　高尾599ミュージアム
　高尾山薬王院
　TOKYU ROYAL CLUB
　（会員誌『Fino』2019年7月号より）
　八王子市郷土資料館
　八王子消防署
　八王子・日野カワセミ会
　吉永秀一郎
　（森林総合研究所 多摩森林科学園）

● 取材協力
　新井二郎
　岡崎弘幸
　（中央大学附属中学校・高等学校）
　粕谷和夫（八王子・日野カワセミ会）
　加藤典子（八王子市郷土資料館）
　環境局多摩環境事務所自然環境課
　京王電鉄株式会社
　高尾599ミュージアム
　高尾山薬王院
　高尾登山電鉄
　東京都高尾ビジターセンター
　八王子消防署
　吉永秀一郎
　（森林総合研究所 多摩森林科学園）

● 参考文献
　『新八王子市史 自然編』（八王子市／2014）
　『高尾・奥多摩植物手帳』新井二郎（JTBパブリッシング／2006）
　『高尾山おもしろ百科』遠藤 進（揺籃社／2012）
　『高尾山で観察できる四季の野鳥』粕谷和夫
　（2020年度八王子市生涯学習センター主催市民自由講座資料／2020）
　『高尾山誌（復刻版）』大本山高尾山薬王院
　（上田泰文堂・小林書店／1983）
　『高尾山の花と木の図鑑』菱山忠三郎（主婦の友社／2017）
　『高尾自然観察手帳』新井二郎（JTBパブリッシング／2009）
　『高尾山報』高尾山薬王院
　『高尾山薬王院』著：相原悦夫 監修：高尾山薬王院（百水社／2000）
　『高尾山薬王院の歴史』外山 徹（ふこく出版／2014）
　『高尾山薬王院文書を紐とく』村上 直（ふこく出版／2005）
　『多摩の文学碑』横山吉男（武蔵野郷土史刊行会／1981）
　『ちゃんと歩ける甲州街道』八木牧夫（山と溪谷社／2015）
　『とっておきの高尾山』（揺籃社／2012）
　『ニュースレター のぶすま』東京都高尾ビジターセンター
　『八王子市郷土資料館だより』八王子市郷土資料館
　『まるっと 高尾山 こだわり完全ガイド』
　スタジオパラム（メイツ出版／2017）
　『むかしでござる－高尾山説話集－』菊地 正（かたくら書店／1988）
　『武蔵名勝図会』植田孟縉（著）片山迪夫（校訂）（慶友社／1975）
　『るるぶ情報版 高尾山』（JTBパブリッシング／2015）

　TAKAO 599 MUSEUM 高尾山の宝物たち
　http://www.takao599museum.jp/treasures/

　東京都高尾ビジターセンター
　https://www.ces-net.jp/takaovc/

　八王子市 天然記念物
　https://www.city.hachioji.tokyo.jp/hachiouji/
　gaiyou/005/002/t002/index.html

高尾山ハイキング案内

～高尾山・小仏城山・景信山・陣馬山
　八王子城山・南高尾山稜を歩く

2021年4月5日　初版第1刷発行

発行人　川崎深雪
発行所　株式会社 山と溪谷社
　　　　〒101-0051
　　　　東京都千代田区神田神保町1丁目105番地
　　　　https://www.yamakei.co.jp/
印刷・製本　大日本印刷株式会社

● 乱丁・落丁のお問合せ先
　山と溪谷社自動応答サービス　電話03-6837-5018
　受付時間／10：00～12：00、13：00～17：30
　（土日、祝日を除く）
● 内容に関するお問合せ先
　山と溪谷社　電話03-6744-1900（代表）
● 書店・取次様からのお問合せ先
　山と溪谷社受注センター　電話03-6744-1919
　FAX 03-6744-1927